Johannes Merkel · *Der Kasten*

Der Kasten war gar kein Kasten, in Wirklichkeit war er ein Internat, und heißt auch ganz anders und sie nannten ihn nur den Kasten.
Jonas kam in den Kasten, weil seine Eltern auf dem Dorf wohnten, und er sonst nicht aufs Gymnasium gehen konnte; Und es ist auch schon lange her, daß er im Kasten war, im Jahr 1952 kam er rein und 1956 kam er wieder raus, und damals war vieles anders als heute, und deswegen hat er auch aufgeschrieben, wie es war und was sie damals getrieben haben. Vielleicht war nicht alles genauso, wie er es aufgeschrieben hat, manchmal konnte er sich nicht mehr so genau erinnern. Aber es war fast alles so ähnlich, wie er es aufgeschrieben hat. Und vielleicht hat sich bis heute noch nicht vieles verändert.

Johannes Merkel

Der Kasten

Geschichten aus dem Internat

mit Zeichnungen von
Dieter Malzacher

Weismann Verlag

1. Auflage 1982

Umschlaggestaltung: Hansjörg Langenfass, Ismaning,
Satz: Fotosatz G. Gaul, Saulgau
Druck und Bindung: G. J. Manz AG, Dillingen
ISBN 3 921040 47 7

Im Kasten

1.

Im Kasten scheppert es rund um die Uhr und wann es scheppert, steht auf dem Tageslauf am Schwarzen Brett. Das erste Mal scheppert es in der Früh um dreiviertel sieben, es wird unverzüglich aufgestanden und wer sich noch herumaalt, den scheucht der Präfekt vom Dienst aus den Federn. Viertel acht scheppert es zur Andacht, das Bett ist dann bereits gemacht und die Schuhe sind geputzt. Um halb acht scheppert es zum Frühstück. Den Eßsaal hat man wie die zivilisierte Menschheit zu betreten und nicht wie eine Horde Wilder.
Damit man seine Sachen aus dem Studiersaal holen kann und sich pünktlich vor dem Schulgebäude einfindet, scheppert es zum Unterricht schon zehn vor acht.
Danach scheppert es nicht mehr, weil dann alle in der Schule sitzen, und es keiner mehr hört. Erst zum Mittagessen scheppert es wieder, nämlich um viertel zwei. Punkt zwei scheppert es zum Trieb, punkt drei zur Studierstunde, viertel acht zum Abendessen und dreiviertel acht zur Abendandacht. Nur zum Bettgang scheppert es nicht, denn ins Bett gegangen wird nach der Andacht, und Bettruhe ist dreiviertel neun. Dann geht der Präfekt

vom Dienst durch die Schlafsäle und staucht die Trödler zusammen. Danach macht er das Licht aus.
Eine Glocke wird geläutet, aber wenn am Klöppel eine Öse angebracht ist und an der Öse ein Ledergurt, kann man damit auch scheppern. Man faßt den Ledergurt und läßt ihn kreisförmig am Glockenrand entlangsausen. Wenn man mit aller Kraft schepperte, zitterten die Glasscheiben in der Fensterfront des Treppenaufgangs, aber das war verboten. Überhaupt durfte nur einer scheppern, der hieß Fleischer und bot die Gewähr, daß stets pünktlich und mit angemessener Lautstärke gescheppert wurde.

2.

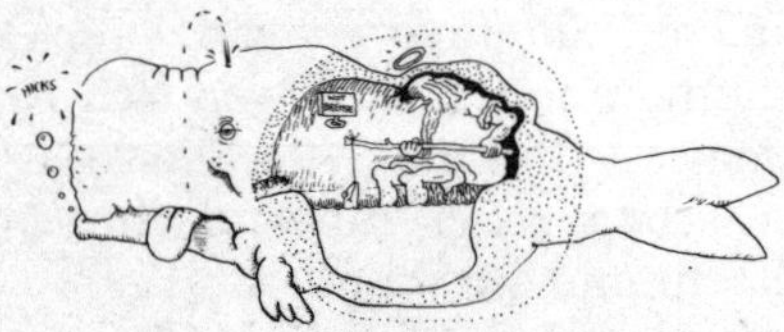

Wenn es zur Andacht scheppert, rennen alle. Wer am schnellsten rennt, erwischt die besten Plätze. Nur die Batzen müssen abhauen, wenn sie einer anschnauzt, die sitzen immer vorn. Die besten Plätze sind nämlich hinten und unter der Empore, weil die Präfekten vorn in der ersten Reihe hocken und einen nicht sehen können. Und wer hinten hockt, ist auch als erster wieder draußen.
Zuerst wurde das Lied gesungen, das an der Wand angeschlagen war, dann schob sich Gredl hoch. Gredl hieß eigentlich Gredelitz und mit Spitznamen ›der Gredl‹, aber im Sommer, wenn er sein Polohemd anhatte, sah man seine Speckbrüste, dann sagten manche ›die Gredl‹ und grinsten. Wenn er im Kasten war, hielt er immer Andacht, auch im Winter. Er war Pfarrer und hat Andacht halten gelernt.

Erst wartete er einen Augenblick, bis hinter ihm alle aufgestanden waren, und die Orgel spielte noch weiter. Dann stieg er aufs Pult und schaute im Betsaal herum. Wenn auch wirklich alle standen, winkte er mit der Hand und man durfte sich setzen. Dabei knarrten die Stühle und die Stiefel kratzten übers Parkett, denn die Orgel spielte jetzt nicht mehr. Dann sagte er laut, aber langsam: »Höret das Wort der Schrift, das wir aufgezeichnet finden bei . . .« Wo, wußte er meistens nicht auswendig und er blätterte in seinem Buch, bis er die Stelle gefunden hatte.
Es gibt einen Haufen Stellen in der Bibel, mit denen man Andacht halten kann, die meisten sind langweilig, aber manche sind auch spannend. Spannend ist zum Beispiel die Geschichte von Jonas im Walfisch, die geht ungefähr so: Jonas schifft über das Meer, das soll bloß heißen, daß er auf dem Schiff herumfährt, und es gibt einen Sturm. Jonas schläft im Bauch des Schiffes, aber die andern kriegen Angst, weil sie meinen, er ist am Sturm schuld und sie schmeißen ihn ins Meer. Da schickt der Herr einen großen Fisch, um Jonas zu verschlucken, und Jonas hockt drei Tage und drei Nächte im Bauch des Fisches. Dabei betet er, bloß was er betet, kann man sich nicht merken. Am Schluß redet der Herr mit dem Fisch und der Fisch spuckt Jonas wieder aus. Aber natürlich nicht ins Meer, sondern ans Land, sonst hätte ihm ja die Errettung gar nichts genutzt und er wär gleich wieder ersoffen.
Es war verboten, während der Andacht mit dem Nachbarn zu schwätzen. Und wenn man obendrein auch noch in der dritten Stuhlreihe und fast direkt hinter den Präfekten hockte und tuschelte, dann brauchte man sich nicht zu wundern, wenn Herrle sich umdrehte.
Herrle war der Oberpräfekt; bei ihm wurde nicht lang gefackelt, er verschaffte sich Respekt, wenn nötig mit seinen gefürchteten Rückhandwatschen.
Inzwischen hatte Gredl das mit dem Fisch erklärt. Es ist nämlich die Dunkelheit im Magen des Fisches die Fin-

sternis, in der wir tappen unser Leben lang, doch wer auf den Wegen des Herrn wandelt, dem wird sich das Maul auftun und ihn ausspucken in die ewige Seligkeit.
Überhaupt hätte der Herrle nichts gespannt, wenn die in der zweiten Reihe nicht mit dem Finger auf ihn gezeigt und dabei auch noch gekichert hätten. Strecker, der in der vierten Reihe schräg hinter ihm hockte, hat sich sogar vorgebeugt und hat ihm die Nasenlöcher zugehalten. Da mußte er natürlich nach Luft schnappen, Herrles Eierschädel fuhr nach hinten und was mußte er erblicken? Ein schmächtiger Erstkläßler saß zusammengesunken auf dem Stuhl, und kein Zweifel, er schnarchte.
Strecker sagt, der Herrle hat sich ein Grinsen nicht verkneifen können, aber durchgehen lassen konnte er so etwas natürlich nicht. Allerdings konnte er auch schlecht eingreifen, solange Gredl noch die Sache mit dem Fisch erklärte.
Als Jonas nämlich in die Verlassenheit des Fischbauches hinabrutschte, wähnte er sich am Ende seiner Tage. »Aber haben nicht auch wir, gerade in den vergangenen dunklen Zeitläuften oft erfahren dürfen, wie wir von der Hand des Herrn errettet wurden, wo die Not oft am größten schien?«
Strecker sagt, Herrle hat dem Gredl gar nicht zugehört, er hat die ganze Zeit mit dem Specko geflüstert, dabei ist das im Betsaal verboten. Beim ersten Orgelton aber hatte er den Erstklässler am Wickel und schüttelte ihn ordentlich durch. Ein Glück, daß sie in der Andacht waren, da mußte er ihn gleich wieder loslassen. Während er auf seinen Platz zurückging, hat er laut den angefangenen Liedvers mitgesungen. Herrle hat einen dröhnenden Baß, und wenn er schreit, schrickt jeder zusammen. Lachen tut er auch im Baß, dabei weiß man machmal nicht genau, ob er sich freut oder ärgert. Als er gespannt hat, daß sie den Erstklässler wegen dem Einschlafen in der Andacht ›Jonas‹ rufen, hat er auch gelacht.

Im Kasten kriegen alle einen Spitznamen, und ›Jonas‹ ist vielleicht gar nicht so schlecht. ›Schwabbel‹ zum Beispiel ist viel schlimmer, so haben sie den dicken Kammhuber getauft, weil er beim Gehen immer schwabbelt. Oder der Keller mit den feuerroten Haaren heißt ›Kretzi‹, weil er einen Ausschlag hatte und sich immer gekratzt hat. Der Krieger heißt ›Hold‹, weil Opa aus der fünften ihn angeschaut und gegrinst hat und gesagt hat: »Wahrhaftig ein holder Knabe«. Bloß der Gassner hat keinen Spitznamen, er heißt einfach Gassner.

3

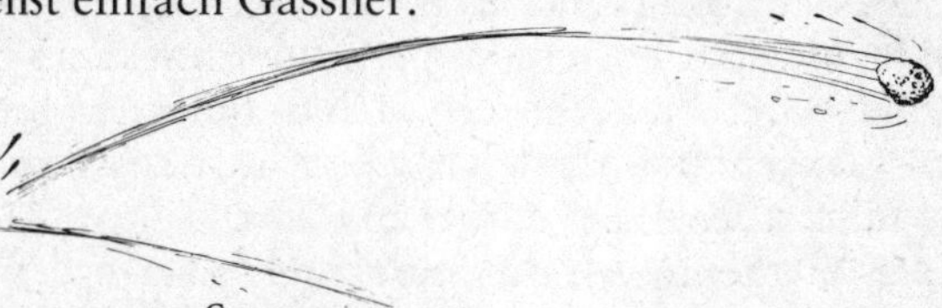

Bevor es am Sonntag zum Mittagessen schepperte, zog ein Geruch durch den Küchenaufzug. Er zog durch die Flügeltüren des Eßsaals, durch die Eingangshalle bis zum Betsaal, über die Gänge vor den Studiersälen im ersten Stock und durch den Treppenaufgang hinauf bis vor die Schlafsäle: »Siouxleder mit Klößen.«

Klar, die gabs jeden Sonntag.
Außer wenn Schwester Babette krank gewesen wäre, das war die Küchenschwester, und sie war zäher als Siouxleder und krank war sie nie. Sie schaute wirklich aus wie eine Indianerfrau, bloß daß die Indianer keine Schwesternhauben tragen und wahrscheinlich essen sie auch niemals Sonntagsbraten mit Klößen, jedenfalls keine Klöße aus Gummi. Wenn man sie auf die Gabel steckt und läßt sie auf den Teller fallen, dann springen sie im

Teller wie ein Fußball. Vielleicht nicht ganz so gut. Man kann wetten, welcher Kloß am höchsten springt.
Vor dem Braten kommt erst die Suppe, und während der Suppe herrscht Silentium, und zwar vom Tischgebet an bis zum Klingelzeichen. Beim Tischgebet steht jeder hinter seinem Stuhl. Der Rektor wartet bis alles still ist, bevor er betet. Wer als letzter noch redet, den blickt er an. Nach dem Tischgebet, wenn alle mit den Stühlen rücken, um sich hinzusetzen, kann man dem Tischnachbarn noch schnell was zuflüstern, danach herrscht das Silentium. Man darf mit dem Löffel klappern oder mit der Löffelkante übers Porzellan scharren, daß es quietscht und einem eine Gänsehaut über den Rücken läuft, sogar schlürfen darf man, aber reden darf man nicht.
Wenn der Küchendienst die Suppenterrinen in den Küchenaufzug gestellt hatte, zog er an einem Seil und der Aufzugkasten sauste in die Küche hinunter. Dann griff der Rektor nach einer Tischglocke vor seinem Platz, und die Präfekten, die mit ihm am Tisch saßen, blickten im Eßsaal herum. Es herrschte nämlich noch immer Silentium.
Der Küchendienst zog wieder am Seil, und der Aufzugkasten kam mit dem Braten aus der Küche heraufgefahren. Der Rektor klingelte mit der Tischglocke, und jetzt legten alle los, daß einem die Ohren wehtaten und die Fensterscheiben zitterten. Das Silentium war hiermit nämlich aufgehoben.
Warum muß man Suppe schweigend essen und darf beim Braten schreien? Jonas fragte den Gassner, aber dem ist das wurscht. Er fragte auch den dicken Fleischer.
»Weil man eben nicht redet beim Suppenessen, ist doch logisch.« Und warum herrscht nur mittags Silentium und abends darf man quatschen?
»Weil es nur mittags Suppe gibt und abends gibt es Wurstbrot.«
Fleischer wollte nicht zugeben, daß er es auch nicht weiß. Jonas fragte Specko. Das ist auch ein Präfekt, und er

heißt so, weil er klein und speckig ist. Er hatte Aufsicht bei der Studierstunde und dachte, der Junge kommt schon wieder mit einem lateinischen Satz. Aber Jonas fragte ihn, warum man den Mund halten soll beim Suppenessen. Specko schnappte nach Luft, anscheinend weiß er auch nichts. Aber dann wußte er doch was, nämlich, daß es gesünder ist, sonst kriegt man Luft in den Bauch und überhaupt ist jetzt Studierstunde auf dem Plan und nicht Essen und Silentium.

Jonas hatte sich schon umgedreht, da fiel ihm noch was ein. Warum kriegt man denn dann beim Wurstessen keine Luft in den Bauch?

Specko hätte ihm fast eine geschmiert, obwohl er sonst gar nicht so ist, und Watschen verteilt er ganz selten und schon gar keine Rückhandwatschen. Jonas soll sich verflixt nochmal um das Lateinische kümmern, hat er geschimpft, das hätte er ja wohl bitter nötig.

Was sollte Jonas machen? Er hat es gemacht wie die andern auch und seine Suppe schweigend gelöffelt, aber warum, das hat er nicht rausgebracht.

Mecki dagegen, der fragt nicht lang, der quatscht mitten im Silentium. Vielleicht nannten sie ihn so, weil er sich nichts gefallen läßt und immer gleich losmeckert, wenn ihm was nicht paßt. Vielleicht kam das auch von seinen Haaren.

Der Hausdrachen schimpfte immer, daß sie wie Kraut und Rüben in der Gegend herumstehen und als Oberschwester ist sie doch dafür verantwortlich, daß die Jungen ordentlich herumlaufen und man sich nicht schämen muß. Wenn sie Mecki erwischte, klatschte sie ihm mit der flachen Hand auf den Hinterkopf, dann legten sich zwei Haarbüschel waagerecht.

»Na siehst du, gleich schaust du manierlicher aus.«

Aber hinter ihrem Rücken schüttelte sich Mecki und seine Borsten standen gleich wieder gen Himmel. Und als sie

ihm Pomade ins Haar schmieren wollte, hat er sie sogar in die Hand gebissen, weil Pomade stinkt. Mecki ist nämlich ein Früchtchen und deswegen war es auch kein Wunder, daß er beim Silentium quatschte.
Am Tag vorher hat es Kuttelfleck gegeben, und das schmeckt wie es sich anhört, es war eimerweise davon übrig geblieben. Sioux wollte schon alles der Wachtel als Schweinefutter überlassen, da sagte der Rektor, daß es eine Sünde ist, und sie machte für den nächsten Tag eine Suppe daraus. Aber die Suppe schmeckte noch schlimmer, als es sich anhört. Gassner sagte, daß nicht nur ein Silentium herrschte, sondern eine Totenstille. Das heißt, sie herrschte nur so lange, bis Mecki laut und deutlich sagte:
»Das schmeckt wie Affenbrunze.«
Das hat sogar dem Rektor die Sprache verschlagen. Es dauert sekundenlang, bis ihm etwas einfällt:
»Bauer, aufstehen.«
Mecki zieht sich langsam an der Tischkante hoch.
»Du wirst stehend und sichtbar vor allen andern deine Suppe auslöffeln.«
»Jawohl, Herr Rektor«, sagt Mecki und faßt mit beiden Händen nach dem Teller.
»Nimm deinen Löffel zur Hand und iß!«
»Jawohl, Herr Rektor«, sagt Mecki, greift nach dem Löffel und läßt den Teller los. Der Teller kracht an der Tisch

kante auseinander und die Suppe spritzt über den Tisch. Herrle hat sich schon halb hochgeschoben, um das Früchtchen weichzukochen, aber der Rektor winkt ab. Weiß Gott, er mag die Scharfmacherei nicht, er arbeitet lieber mit Güte und Nachsicht, aber hier muß ein klares Wort gesprochen werden.

Immerhin ein Fall von Renitenz, und das sozusagen öffentlich und ungeniert vor allen andern.
»Sechs Wochen Stadtausgang gestrichen«, verkündet der Rektor.
»Raus!«
Mecki verdrückt sich mit einem Grinsen durch die Tür, hinter ihm aufgeregtes Geflüster.
»Es herrscht noch immer Silentium, und zwar heute bis zum Ende des Mittagessens. Und übrigens, ehe die Suppe nicht restlos aufgegessen ist, kommt mir sonst nichts auf den Tisch.«
Was heißt hier überhaupt ihm? Die andern würden erst recht nichts kriegen, da halten sie lieber den Mund und würgen die Suppe runter.

4.

Nach dem Mittagessen schepperte es zum Trieb, das heißt Montag, Mittwoch und Freitag, wenn kein Stadtausgang war. Es schepperte nicht gleich, aber in der kurzen Zeit konnte man nichts Besonderes anfangen.
Jonas steht oben auf dem Treppenabsatz zum zweiten Stock und preßt die Nase gegen die Glasfront des Treppenhauses, er preßt, bis es wehtut. Unten wackelt die Wachtel über den Hof, in jeder Hand einen Eimer mit brauner Flüssigkeit. Die schwappt im Eimer und manchmal schwappt sie über, dann spritzt die Drecksoße über ihre Schwesterntracht.
Stell dir vor, drüben auf dem Dachfirst des Landwirtschaftsgebäudes würde einer hocken, genau auf der gleichen Höhe wie Jonas, und er würde den Kasten durch einen Feldstecher beobachten. Jonas steckt zwei Finger in die Mundwinkel und zieht sie auseinander, dazu dreht er die Augen raus, soweit es geht. Jetzt würde dem da drüben auf dem Dach vor Schreck der Feldstecher aus der Hand fallen und genau in den Eimer der Wachtel rein, der Dreck würde raufspritzen bis an ihr Häubchen. Das wär vielleicht sogar der Wachtel zu viel, dabei ist sie eine Sau, manchmal schläft sie sogar nachts im Schweinestall, sie hat da ein Feldbett vor den Sautrögen stehen. Sie stößt die Tür zum Saustall mit dem Fuß auf, und dabei schwappt ihr der Schweinefraß über die Sandalen aufs Pflaster.
Jonas haucht einen Flecken auf die Glasfront, genauso groß wie sein Kopf. Jetzt sieht ihn der drüben auf dem Dach kopflos. Jonas hampelt mit Armen und Beinen. Das muß ausschauen wie ein Hampelmann ohne Kopf, der mit Armen und Beinen wackelt, das würde er gern selber sehen. Der Fleck zieht sich wieder zusammen, der Hampelmann kriegt Haare und einen Hals, Augen und einen Mund, und zu allerletzt auch eine Nase, sie ist ganz

feucht und blaß vom Drücken gegen die Glasscheiben. Aber das sieht der drüben auf dem Dach höchstens, wenn er einen erstklassigen Feldstecher hätte.
Plötzlich fährt Jonas herum und drückt den Rücken gegen die Glasfront.
Opa hat Schwabbel am Wickel und ein Trupp Viertkläßler rennt mit und grinst, es gibt eine Gaudi und nicht von schlechten Eltern.
Opa grinst nicht, er schiebt Schwabbel vor sich her in den Studiersaal. Jonas steigt langsam die Treppe runter. Ein Türflügel zum Studiersaal ist angelehnt, man kann schräg hineinlinsen, ohne daß sie einen sehen.
Opa steht vor Schwabbel: »Ein Wort von Mann zu Mann. Wer ungeschabt rumschleicht, ist ein Schwein.«
Opa ist sechzehn und hat schon einen richtigen Bart, sogar Geheimratsecken hat er, und Stimmbruch hat er auch schon gehabt.
Es gibt zwei Studiersäle, die ineinander übergehen, damit ein Präfekt allein Aufsicht führen kann. Jonas schleicht in den Nebenraum an sein Pult. Schräg über seine Lateingrammatik weg sieht er die Margarinedose und das Marmeladenglas vor Schwabbel liegen. Opa hockt sich verkehrt herum auf einen Stuhl, die Brust vor der Lehne wippt er auf zwei Stuhlbeinen. Er klappt sein Taschenmesser auf, ein sündhaft teures Fahrtenmesser mit einem echten Horngriff. Schwabbel zuckt um die Mundwinkel. Bestimmt macht er wieder keinen Muckser. Was kann er auch machen als Batze? Wenn er wenigstens schreien würde.
»Kopf zurücklegen, Augen schließen, wirds bald!«
Ein Viertkläßler dreht die Margarinedose auf. Schwabbel zuckt zusammen. Als er die Kälte der Messerschneide auf der Backe spürt, reißt er die Augen auf und preßt sie gleich wieder zu. Ein Brocken Fett verschmiert ihm die Lider. Er hockt nur grade auf der Stuhlkante und rutscht hin und her.

»Festbinden«, sagt Opa. Sie nehmen ihm die Hosenträger ab und binden ihm die Arme hinter der Stuhllehne zusammen.
Jonas rennt auf den Gang, die Treppen hoch und horcht an Gredls Tür. Er ist da, er klopft.
»Sie müssen kommen. Was die mit dem Schwabbel machen, Opa und die anderen.«
»Du siehst doch, ich hab zu arbeiten, Kind.« Gredl versenkt sich wieder in seine Bücher.
»Aber was die mit dem machen, Margarine ins Gesicht schmieren und so.«
»Nun hör mir mal gut zu! Was glaubst du, was wir uns alles mitansehen mußten in Rußland. Zähne zusammenbeißen und Maul halten. Und merk dir, petzen gilt nicht, schreib dir das hinter die Ohren.«
Vielleicht ist es dem Gredelitz zuwider, vielleicht wimmelt er Jonas bloß deswegen so gemein ab.
Da kann er nämlich auch nicht viel machen, das war im Kasten schon immer so. Mit den Batzen darf man allerhand treiben. Sie müssen sich eben das erste Jahr durchbeißen, dann haben sie es geschafft. Im Leben später wird ihnen auch nichts geschenkt.
Als Jonas zurückkommt, tropft Schwabbels Gesicht von Marmelade, sie läuft ihm über die Ohren und am Kinn herunter bis ins Hemd. Opa führt das Taschenmesser wie ein gelernter Friseur. Die Schneide kratzt über Schwabbels Haut. Jonas kriegt eine Gänsehaut. Wenn einer mit der Schuhbürste über das Blech des Wichstisches fährt oder Kreide an der Tafel quietscht, kriegt er auch immer eine Gänsehaut.
Opa wischt das Messer an Schwabbels Hosenbeinen ab und setzt mit elegantem Schwung wieder an.
»Sieht doch gleich ganz anders aus, unser Zuckerbübchen, zum Abschlecken.«
Opa tätschelt Schwabbel die Backen. Ein Viertkläßler holt einen Handspiegel aus dem Pult.

»Wie findest du dich? Macht 50 Pfennig, die Rasur.«
Aber Schwabbel hat keine 50 Pfennig mehr.
»Wird kassiert, zum nächsten Ersten, worauf du einen lassen kannst.«
Es scheppert und Schwabbel nickt erleichtert. Er fehlt beim Trieb, zur Strafe muß er beim nächsten Stadtausgang Unkraut jäten.

5.

»Die Schule ist wie ein Waldlauf. Manche steigen auf die Bäume und nehmen die Nester aus, manche legen sich aufs Ohr und träumen, aber nur wenige gelangen ans Ziel.« Der Hörauf muß es wissen, er ist Turnlehrer und dauernd setzt er einen Waldlauf an. Jonas kommt immer erst mit den letzten ans Ziel, aber von wegen Auf-die-Bäume-klettern oder Aufs-Ohr-legen. Was kann er denn dafür, daß er immer Seitenstechen kriegt beim Laufen und dann fersen ihm die andern davon? Oder was kann er machen, wenn er sich die lateinischen Wörter immer nicht merken kann? Gleich in der ersten Schulaufgabe hat er eine Fünf geschrieben, das macht im Schnitt fünf Komma null. Der Seiler hat ihn in der letzten Schulstunde auf die Seite genommen, und er soll mitkommen.
Der Seiler schleppt ihn in die Stadt. Jonas traut sich erst nicht, aber dann fragt er ihn doch, wo sie hingehen.
»Lerne dich in Geduld fassen«, sagt der Seiler und schleppt ihn ins Dekanat, der Deckel ist nämlich sein Freund.

Im Studierzimmer vom Deckel liest er ihm das Gleichnis von den wuchernden Pfunden vor und dann spricht er ein Gebet, in dem er um bessere Schulleistungen für seinen jungen Mitbruder betet. Vielleicht helfen Gebete wirklich gegen einen Fünfer. Aber was kann der Seiler dafür, daß sich Jonas die lateinischen Wörter nicht merken kann? In der zweiten Schulaufgabe schreibt Jonas wieder eine Fünf, macht im Schnitt noch immer fünf Komma null, Bestehen und Probezeit gefährdet.
Vielleicht hat sich der Seiler geärgert, daß sein Gebet nichts genutzt hat. Er spricht jetzt kein Gebet mehr mit Jonas, sondern schreibt einen Brief nach Hause. Jonas soll sich am Riemen reißen und außerdem braucht der Junge dringend Nachhilfeunterricht.

Die Studierzeit geht nachmittags von drei bis fünf, aber wer in Latein gefährdet ist, muß bis sechs am Pult hocken. Danach hat Jonas noch immer nicht frei, er muß ins Studienheim zum Kessler rüber und kriegt Nachhilfe.
Nachhilfe geht so: Jonas zeigt dem Kessler die Wörter, die sie aufgekriegt haben. Der Kessler legt die Beine übereinander und hört die Wörter ab, genau gesagt legt er das rechte über das linke Bein und Jonas sitzt vor ihm auf der Bettkante, da sitzt er niedriger. Beim Abhören wippt der Kessler mit dem übergeschlagenen Bein. Wenn jetzt Jonas ein Wort nicht weiß, zieht Kessler den Schlappen vom Bein und haut ihn Jonas über den Schädel, das regt das Gedächtnis an. Aber auch dem Kessler ist so ein schlechtes lateinisches Gedächtnis noch nicht untergekommen. Der Schlappen ist vorne aufgeplatzt und glotzt Jonas beim Wippen an wie ein offenes Fischmaul, aber in Latein hat er wieder eine Fünf geschrieben. Das macht im Durchschnitt immer noch fünf Komma null.
Der Kessler sagt, er kann es nicht verantworten, Geld für

Nachhilfe zu nehmen, wenn es ein hoffnungsloser Fall ist. Jonas ist schon so gut wie durchgefallen, der Seiler ruft ihn nicht einmal mehr auf. In der vierten Schulaufgabe schreibt er eine Drei, macht im Durchschnitt genau vier Komma fünf. In Deutsch hat er auch eine Drei, da drücken sie ein Auge zu und er kommt durch.

6.

Vier Wochen keinen Stadtausgang, das ist kein kalter Furz, aber Mecki lacht bloß.
Es sind um den Kasten nämlich enge Grenzen gezogen, und niemand darf sie ungestraft überschreiten, außer dienstags und donnerstags, beim Stadtausgang. Der geht von halb zwei bis dreiviertel drei, damit man sich vor Beginn der Studierzeit punkt drei Uhr auch noch die Pfoten waschen kann. Montag, Mittwoch und Freitag ist Trieb, da werden die Grenzen auch überschritten, aber in Viererreihen, damit man in der Stadt einen ordentlichen Eindruck hinterläßt. Später braucht man nicht mehr in Reihen zu laufen, aber man spaziert herum, wo es der Präfekt will. Das ist manchmal spannend, meistens nicht.
Damit sich niemand herausreden kann, daß er die Grenzen nicht genau kennt, gibt es den Grenzumritt. Die älteren Schüler nehmen die Batzen auf die Schultern und tragen sie um die Grenzen herum. Jonas zum Beispiel hat auf dem Fleischer gesessen. Erst sind sie den Fußweg nach Mosbach gelaufen, dann um den Garten von der Wachtel rum, aber das hat er damals noch nicht gewußt, und auch nicht, daß man in dem Garten arbeiten muß, um Punkte zu kriegen. Dann sind sie die Fahrstraße nach Mosbach zurück, das ist die andere Grenze. Bloß ob der Zaun die Grenze ist oder die Fahrbahn hat Fleischer auch nicht gewußt, dabei ist es ein riesiger Unterschied. Denn wenn die

Grenze in der Mitte der Fahrbahn verläuft, darf man noch auf dem Gehsteig gehen, das heißt, neben dem Asphalt, einen richtigen Gehsteig gibt es ja gar nicht. Und wenn einem der Ball davonfliegt, darf man ihn noch bis zur Straßenmitte holen, bloß wenn er weiterrollt, muß man ihn liegen lassen.
Er soll keinen Stuß reden, hat der Fleischer gesagt und lieber aufpassen, wo es langgeht, sie waren nämlich von der anderen Seite schon wieder zum Kasten zurückgekommen und sind die Straße am Kasten vorbei auf die Stadt zugegangen. Dabei stimmt das schon wieder nicht. Die Schule liegt doch auch auf der andern Straßenseite. Wenn die Straße die Grenze ist, dann darf man ja nicht mal in die Schule, außer bei Stadtausgang. Aber das hat er den Fleischer nicht mehr gefragt, der hätte doch bloß wieder gesagt, alles Stuß. Außerdem waren sie schon um die Wiese rum und sind hinter der Goethelinde wieder hochgelaufen.
Die Grenzen sind wirklich eng gezogen, man braucht ja nicht einmal eine Viertelstunde und schon ist man ganz außen rum, aber das ist nicht die Gemeinheit. Gemein ist, daß man nicht tschampeln darf, außer beim Stadtausgang. Unterhalb der Wiese führt eine Straße vorbei und die ist die Grenze, ob am Gehsteig oder auf der Fahrbahn ist wurscht. Hinter der Straße liegt ein langgezogener Platz, da stehen zwei Reihen Linden. Wenn man schnurgerade zwischen den Linden durchgeht, stößt man auf eine Hauswand und kann nicht weiter. Dann geht man scharf links an der Hauswand entlang und stößt auf ein Häuschen aus Holz, dann ist man da.
Das Häuschen hat vorne ein großes Fenster, vor dem hängt nachts ein dicker Laden, und der ist mit zwei Vorhängeschlössern gesichert. Tagsüber ist es geöffnet, sogar das Schiebefenster steht meistens offen, außer wenn es zieht, dann muß man klopfen. Das Schiebefenster ist weiß gestrichen, das Häuschen hellbraun, und über dem

Fenster steht in dunkelbrauner Farbe: »Rauchwaren und Süßigkeiten. Inhaberin Lotte Tschampel.« Aber wer es nicht weiß, kann es nicht mehr richtig lesen, weil die Farbe schon halb abgeblättert ist und die hellbraune Grundfarbe auch.

Frau Tschampel redet so komisch, sie ist Flüchtling, und manchmal versteht man sie nicht. Vielleicht reden sie da, wo sie herkommt, alle so komisch und es fällt nicht auf, aber hier fällt es auf. Dabei versteht sie alles, was man will, und um die Grenzen um den Kasten schert sie sich nicht die Bohne, das hat sie sogar dem Herrle gesagt. Der Kiosk steht nämlich außerhalb der Grenzen, und das ist die Gemeinheit. Wenn man Lust auf Brause hat und man hat sogar noch Taschengeld, kann man sich trotzdem nichts kaufen, außer es ist Stadtausgang. Der Gassner sagt sogar, sie haben die Grenzen doch bloß gemacht, damit man nicht tschampeln kann. Wenn sie einen hinter dem Acker nach Mosbach erwischen, piepen sie kaum einen Ton. Aber wen sie beim Tschampeln erwischen, der kann sich auf eine gehörige Abreibung gefaßt machen.

Man kann trotzdem schwarz tschampeln, wenn man nicht schnurgerade zwischen den Bäumen durchstiefelt, sondern sich von Baum zu Baum schleicht und sich jedesmal umschaut, ob ein Präfekt in Sicht ist. Wenn einer kommt, kann man hinter dem Baum in Deckung gehen. Aber man muß sich natürlich nach allen Seiten absichern, nicht wie der Schwabbel. Der schaute immer bloß zum Kasten zurück und wie er geduckt hinter dem letzten Baum vorschießt, rennt er Specko zwischen die Beine. Da war er selber schuld.

Mecki dachte nicht im Traum daran, sich hinter den Bäumen zu ducken, dabei hatte er doch vier Wochen Stadtausgang gestrichen. Nicht einmal, als er Gredl von der Stadt raufkommen sieht, der von einer Besprechung beim Deckel heimkommt, duckt er sich. Er grüßt ihn sogar und

der Gredl grüßt zurück und stiefelt weiter. Bis er herumschießt wie von der Tarantel gestochen und schreit: »Bauer.« Mecki dreht sich seelenruhig nach ihm um.
»Du hast doch Stadtausgang gestrichen, oder?«
»Na und«, meint Mecki.
Der Gredl ist rot angelaufen und das tut er selten, weil er dick ist und sich nicht so schnell ärgert. Aber diesmal hat er Mecki ins Gesicht gehauen. Mecki hat eine Faust gemacht und ihn in den Bauch geboxt, daß Gredl vor Schmerz aufstöhnte. Mecki hat drei Monate Stadtausgang gestrichen gekriegt, und da kann er noch von Glück reden. Gredl hatte ihn nämlich nicht verraten, sonst wär er geflogen. Gredl hat nur gesagt, er hat ihn in flagranti beim Tschampeln angetroffen, aber daß er ihn auch in den Bauch geboxt hat, das hat er nicht verraten.

7.

Vielleicht ist es gar nicht so schlimm, im Bauch von einem Walfisch zu hocken, da ist es warm und weich, und keiner will was von einem. Aber eine Höhle im Heu geht notfalls auch, da ist es nicht so dunkel wie im Bauch vom Walfisch. Wenn man nämlich das Heu vor dem Fenster auseinanderzupft, sitzt man im Dämmerlicht und kann sogar lesen, ohne daß es draußen jemand spannt. Das haben sie ausprobiert. Jonas hat das Heu vor dem Fenster auseinandergezupft und Gassner ist draußen an der alten Kegelbahn vorbeigelaufen, und hat gesagt: »Ein Glück, daß die Fenster dreckig sind, man kann von außen überhaupt nichts

erkennen.« Deswegen kann man in der Höhle gemütlich liegen, ohne daß es einer ahnt.
Blöd ist bloß, wenn man schiffen muß, man kann doch nicht einfach ins Heu schiffen. Sogar lebensgefährlich ist das, weil sich feuchtes Heu an trockenem Heu entzünden kann, dann brennt es wie Zunder und man sitzt in der Falle. Aber auch von draußen schaut es furchtbar aus. Jonas hat schon zweimal erlebt, daß eine Scheune gebrannt hat bei ihnen im Dorf, oder genauer im Nachbardorf oben am Berg, und es hat ausgeschaut als ob der Himmel brennt, und es war so furchtbar, daß er nicht mehr hat wegschauen können. Später hat er noch wochenlang im Bett gestanden und geschrien, und als ihn seine Mutter geweckt hat, hatte er es bloß geträumt, aber es war genauso furchtbar. Dem Gassner kann man das noch zehnmal erzählen, dann lacht er immer noch so blöd. Er sagt, Jonas soll nicht gleich in die Hose machen vor Schiß, sonst brennt ihm noch seine Unterhose ab. Wenigstens schifft der Gassner nicht mehr ins Heu, Jonas hat zwei alte Bierflaschen besorgt, in die können sie reinschiffen. Bloß wenn sie Hunger haben, müssen sie noch raus.
Beim Rausgehen muß man kriechen, der Gang ist so eng, daß man gerade noch durchkommt, und das ist Absicht. Die Höhle ist geheim. Deswegen ist das Rausgehen das Schwierigste, weil man erstens aufpassen muß, daß gerade keiner kommt, und das passiert selten. Die Fenster der alten Kegelbahn gehen auf den Weg nach Mosbach und da laufen oft Leute aus der Stadt vorbei, und wenn man vom Kasten zum Studienheim rennt und schaut zufällig nach der Seite, dann übersieht man die ganze Fensterfront der Kegelbahn. Zweitens muß man innen Heu vor das Fenster machen und es danach schnell von außen schließen, damit man von außen nicht spannt, daß hinter dem Fenster ein Gang durchs Heu geht.
Man kommt auf dem Bauch von innen zum Fenster gekrochen, man linst dann durch den linken Fensterflügel

nach rechts zum Studienheim hin und sofort danach durch den rechten Flügel nach links den Weg nach Mosbach entlang. Wenn jemand kommt, muß man warten und legt sich dabei schon ein Büschel Heu zurecht. Zum Glück steht zum Studienheim hin der Holunderstrauch, und im Notfall kann man sich dahinter verstecken. Ist die Luft rein, kann man einen Fensterflügel aufreißen, aber nur einen, weil man beide zusammen nicht schnell genug wieder zumachen kann. Und jetzt muß man sich durch den Fensterflügel drücken, den Heubüschel auseinanderreißen und in die Öffnung verteilen, den Fensterflügel von außen wieder zuziehen. Dazu haben sie am Anfang am längsten gebraucht, weil der Rahmen von außen ganz glatt ist und man ihn nicht richtig anpacken konnte. Bis sie einen Nagel reingehauen und umgebogen haben; natürlich einen rostigen, damit man nicht sieht, daß sie dran herumgemacht haben. Jetzt kann man das Fenster am Nagel zuziehen und zum Glück klemmt der Fensterflügel im Rahmen und geht nicht von selber auf, wenn zum Beispiel ein Wind weht oder wenn sich einer gegen die Wand von der Kegelbahn lehnt.

Das heißt, beim Anlehnen geht er vielleicht trotzdem auf, sonst hätten sie ja selber gar nicht entdeckt, daß man in die alte Kegelbahn einsteigen kann. Damals war nämlich die Wachtel hinter ihnen her, die tut einem nichts, aber sie schreit immer: »Hab eine schöne Arbeit für euch, hab eine schöne Arbeit.«

Sie hatten keine Lust auf schöne Arbeit und sind ihr davongelaufen und den Weg nach Mosbach an der alten Kegelbahn entlang und haben sich hinter dem Holunderbusch versteckt. Die Wachtel kommt nicht so schnell hinter einem her, sie hat gekeucht und sich umgeschaut. »Hab euch längst entdeckt, Kinder, ihr könnt rauskommen.« Das sagt sie immer,

und auf den Trick fällt keiner mehr rein, und sie ist wieder kopfschüttelnd in Richtung auf das Landwirtschaftsgebäude davongewackelt.
»Du, soll ich dir was zeigen?« flüsterte der Gassner und an seiner Stimme hörte man, daß es was Aufregendes war. Er schaute sich nach beiden Seiten um und als niemand zu sehen war, hat er einen Fensterflügel mit der Hand ein Stück aufgeschoben. Beim Verstecken hatte er sich dagegen gedrückt und gemerkt, daß es aufging. Sie haben ihn ganz aufgedrückt und es hat geknarzt. Sie standen vor einer Wand aus Heu und haben dumm geschaut. Bis Jonas auf das Fensterbrett geklettert ist und sich mit dem Rücken ins Heu hat fallen lassen. Das Heu war ganz locker gestapelt, wenn man es mit der Hand auseinanderzupfte, konnte man sich Platz machen. Sie haben zwei Tage geschuftet, bis sie den Gang gebaut hatten und die Höhle am andern Ende des Gangs.

8.

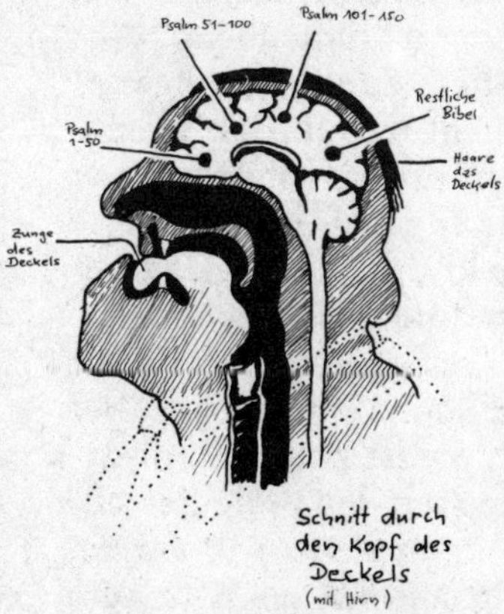

Die Goethe-Linde steht auf der Wiese unterhalb vom Kasten, und wenn man zur Stadt geht, kommt man dran vorbei. Sie ist hohl und die Löcher sind mit Zement verschmiert, damit sie nicht zusammenkracht. Aber das machen sie wahrscheinlich bloß deswegen, weil schon Goethe unter der Linde gestanden hat, und deswegen darf man auch nicht darauf herumklettern. Dabei ist es gar nicht sicher, daß Goethe wirklich drunter gestanden hat, und wenn, dann ist er gleich wieder weitergefahren, und überhaupt ist es der Linde bestimmt wurscht, wer unter ihr steht. Und daß sie der Deckel in der Andacht den »Baum an den Wasserbächen aus Psalm eins« nennt, ist ihr erst recht wurscht. Und falsch ist es außerdem, weil da weit und breit kein Bach fließt.

Deckel heißt der Dekan. Das heißt, er ist Dekan und Vorsitzender des Kuratoriums und mit Namen heißt er Siebert. Wenn man ihn nachmachen will, schiebt man die Zunge unter die Unterlippe und redet ölig, und wenn man einen Psalm sagt, klingt es wie beim Deckel. Er schiebt den Unterkiefer nämlich immer vor, nicht bloß bei den Psalmen, aber da besonders, und in Religion muß man bei ihm nichts wie Psalmen auswendig lernen, man glaubt gar nicht, wie viele Psalmen es gibt.

Also wenn der Deckel Andacht hält und einen Psalm betet, sagt das gar nichts. Aber wenn er nach der Andacht noch einmal aufs Pult steigt und betet einen zweiten Psalm, dann fliegt einer.

Der Winter zum Beispiel hatte Psalm 4: »Ich liege und schlafe ganz mit Frieden; denn allein du, Herr, hilfst mir, daß ich sicher wohne.« Er wohnte im Studienheim, dort dürfen sie rauchen, wenn es die Eltern erlauben. Aber der Winter hat nachts im Bett geraucht und das ist strengstens verboten, weil es eine Gefahr für die Allgemeinheit heraufbeschwört. Deshalb wurde er gefeuert.

Oder Wolf und Geßler, die waren krank im Schlafsaal gelegen, weil eine Grippe grassierte und das Krankenzimmer überbelegt war. Wolf hat gesagt, es hat ihn doch nur gefroren, und er hat sich zum Geßler ins Bett gelegt. Aber der Hausdrachen hat gekreischt. Sie ist zum Rektor gelaufen, der setzte eine Besprechung mit den Präfekten an, alle haben sich aufgeregt. Was kann denn anbrennen, wenn man sich am Vormittag zusammen ins Bett legt? Wolf und Geßler kriegten auch einen Psalm mit auf den Weg:

»Und ob ich gleich wanderte im finstern Tal, dein Stekken und Stab tröstet mich.«
Heute betet der Deckel Psalm 37, Vers 37 und 38, und der Schwabbel hockt heulend zwischen den Präfekten: »Bleibe fromm und halte dich recht, denn solchen wirds zuletzt wohl gehen. Die Übertreter aber werden vertilgt miteinander und die Gottlosen werden ausgerottet.«
Soll der Schwabbel gefeuert werden? Nein, gefeuert wird der Fehling, der hockt auch vorn zwischen den Präfekten und grinst. Auch wenn der Herr im Himmel dem Reumütigen vergibt, sagt der Deckel, dennoch muß es eine irdische Gerechtigkeit geben, wieviel mehr noch, wenn der Missetäter verstockt bleibt. Denn wer sich an einem wehrlosen Wesen vergreift, hat das Recht verwirkt, den Schutz der Gemeinschaft zu genießen. Mehr sagt er nicht, und daraus wird man nicht schlau.

Schwabbel hat Masern gehabt und der Fehling auch, und keiner hat mehr das Krankenzimmer betreten dürfen, außer dem Hausdrachen natürlich, weil der Rektor keine Lust hat, ein Lazarett zu führen.
Den Hausdrachen kannst du lange fragen, die sagt nur, man soll sich um so häßliche Dinge nicht kümmern. Und Jonas hört zufällig, wie der Herrle zu einem Fünftkläßler sagt: »Der Kerl hat über die Stränge geschlagen, wie kommt der bloß auf so einen Blödsinn?«
Er weiß es zwar nicht genau, aber damit muß er den Fehling gemeint haben, der Fehling ist ja aus der fünften. Und außerdem hat Schwabbel einen Verband hinten um den Hals und wenn man ihn anfaßt, stöhnt er.
Zum Glück ist am nächsten Tag Stadtausgang, sie tschampeln für 10 Pfennig Bärendreck und eine Brause, und schleichen sich aufs Krankenzimmer. Schwabbel

freut sich, und sie sagen ihm, das kriegt er alles, wenn er ihnen das mit dem Verband verrät, aber Schwabbel flennt bloß drauflos. Was sollen sie machen? Sie schenken ihm den Bärendreck und wissen noch immer nichts. Und auch später, als er schon längst keine Masern mehr hatte und keine Bettruhe mehr brauchte, hat er immer nur drauflosgeflennt, wenn man ihn danach gefragt hat.

Sie haben es aber doch erfahren, nämlich vom Doktor Grandl, das heißt Jonas hat es erfahren, als er mit dem Grandl zum Durchleuchten gefahren ist, weil er ein zu großes Herz hat, und der Grandl hat ihm gesagt: »Mach dir nix draus, das verwächst sich.« Sie sind im Auto vom Grandl zum Durchleuchten gefahren, und der Vater von Jonas war auch dabei, der saß auf dem Beifahrersitz und Jonas saß hinten auf dem Rücksitz. Er hat durch das Rückfenster rausgeschaut. Wenn man seitlich zum Fenster rausschaut, dann laufen die Straßenbäume an einem vorbei. Aber wenn man hinten zum Rückfenster rausschaut, dann laufen sie vor einem davon, und das ist viel spannender. Deswegen hat er hinten rausgeschaut, und es war ihm wurscht, was der Grandl mit seinem Vater geredet hat.
Aber als Grandl von Schwabbel erzählt hat, war es ihm nicht mehr wurscht. »Ich glaub, ich spinne«, hat der Grandl erzählt, »woher hat der Saukopf einen grindigen Hals? Naja, die Schwester kommt zu mir gerannt und sagt, ich muß was unternehmen, der Junge liegt schon den zweiten Morgen auf einem blutverschmierten Kopfkissen, und wenn man ihn fragt, schaut er einen nur aus großen Augen an. Ja was soll ich machen? Die Kerle sind wie die jungen Hund, sie ham halt heut das und morgen hams was anders. Aber anschaun hab ichs schon müssen. Ja, was sag ich Ihnen, Aufschürfungen und Striemen und oben drüber ein faustgroßes Grind. Ich schau mir die Griffel von ihm an. Der kriegt die Nägel gestutzt und aus

ist der Zauber. Was soll ich mir lang den Kopf zerbrechen, Salbe drauf und einen Verband und es wird schon wieder werden, sag ich zur Schwester.
Und wer steht bei mir am nächsten Morgen in der Tür? Die Oberschwester. Hat der Krüppel doch schon wieder auf einem blutigen Kopfkissen gelegen, und der Grind ist aufgerissen und eitert. Da müssen wir ja wohl noch einen schärferen Gang einlegen. Zusammengestaucht hab ich ihn: Wenn du die Pfoten nicht wegläßt, ich hau dir drauf, daß du dich an mich erinnerst! Da schaut er mich an wie ein Lämmlein, und es war Ruh bis zum nächsten Tag. Sehns, sag ich zur Schwester, sie sind wie die jungen Hund, man muß sie halt kräftig treten, dann wissens, wo sie laufen sollen. Aber was sag ich, am nächsten Tag war der Hals wieder aufgerissen und das Kissen versaut. Ich denk, jetzt machen wir kurzen Prozeß, der Kerl kriegt die Pfoten aufs Bett gebunden, der macht mir keinen Muckser mehr. Scheibenkleister, es war ärger als je zuvor. Ich hab die Fesseln nachgeschaut in aller Herrgottsfrüh, ich heiß Meier, wenn der sich selber gekratzt hat.
Ich schau mir den Mistkrüppel an, der nebendran im Bett liegt. Nein, gehört hat der nichts, die ganze Nacht geschlafen wie ein Bär. Ja, so schaust du aus, mein Lieber, dein Tonfall gefällt mir nicht, eine Nummer zu unschuldig. Ich nehm mir den Kleinen mit und knöpf ihn mir in aller Ruhe vor. Erst heult er mir den Buckel voll, aber dann rückt er raus. Hat ihm dieser Mistkrüppel bloß so zum Spaß ein Stück von der Gardinenschnur hinterm Hals hin und her gezogen. Ja, da bist du mit der besten Salbe machtlos. Sag ich, warum läßt du Depp dir sowas gefallen? Sagt er, er muß sich doch alles gefallen lassen als Batze.«

Mecki haut ab

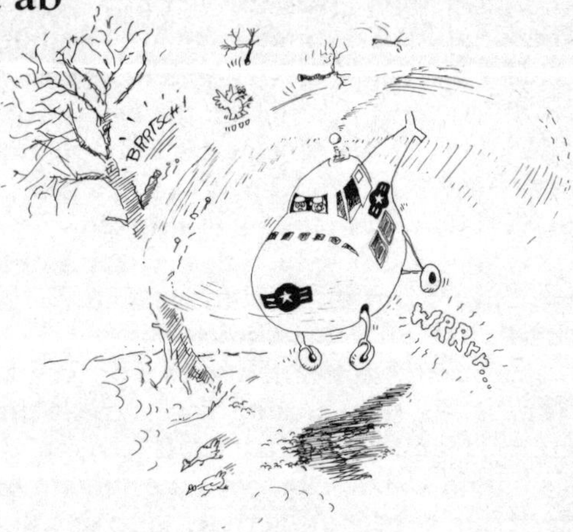

9.

Das Christkind und der Nikolaus kommen vom Himmel, und wers glaubt, wird selig. Aber in Franken kommt der Pelzmärtel, und der kam einmal sogar wirklich vom Himmel.
Jonas und Gassner wollten es erst auch nicht glauben. Sie hockten nichtsahnend in ihrer Höhle, da knatterte es furchtbar über dem Kasten.
Gassner sagte: »Der Iwan kommt.«
Manchmal spinnt er, aber Jonas kriegte doch Schiß, denn der Floh sagt auch immer, daß die Russen kommen, wenn wir uns nicht vorsehen, und Gredelitz sagt, ausgeschlossen ist es nicht, und er kennt sich doch aus mit den Brüdern. Aber wer weiß, ob die Russen sie überhaupt in der Heuhöhle entdecken, im Kasten ist ihnen doch auch noch keiner auf die Spur gekommen. Aber vielleicht sind die Russen schlauer.
Gassner hatte mit dem Daumen ein Guckloch ins verschmierte Fensterglas gebohrt, grade so groß, daß man mit einem Auge durchschauen kann. Das zweite zwickte er zu.

»Ein Hupfschrauber fährt über dem Kasten rum.«
Der spinnt wirklich.
»Mensch lins doch selber raus.«
Durch das Guckloch schauen alle aus wie verwischt, als wär einem schwindlig. Von überall her rennen sie in den Hof, aus dem Kasten, aus dem Studienheim, aus dem Garten, und fuchteln zum Himmel rauf.
Herrle und Gredelitz fegen durch den Hof und scheuchen alle in den Kasten rein.
Wenn man bloß schneller durch den Gang krabbeln könnte. Aber grad wenn es pressiert, sticht einen ein harter Grasstengel, daß man sich kratzen muß, und der Staub von dem vergammelten Heu bringt einen zum Niesen. Und wo der Gang in die Höhle mündet, muß man auch noch Heu zusammenraufen zur Tarnung.
Der Staub, den die Rotoren aufwirbeln, blättert gegen die Glasfront des Treppenhauses und prasselt wie Hagelkörner. Und dann stechen die Staubkörner auf der Gesichtshaut wie mit Nadeln. Und erst der Krach, den hältst du nur aus, wenn du dir die Finger in die Ohren steckst!
Aber es waren gar nicht die Russen und der Gassner spinnt wirklich. Es waren nämlich Amis, Jonas kennt die genau, weil sie früher manchmal durch ihr Dorf gefahren sind, dann sind sie ihnen nachgelaufen und die Amis haben ihnen eine Dose eiserne Ration runtergeschmissen.

Und der Soldat, der vorne aus der Glaskugel aussteigt, ist ein Ami, er ist nämlich so lang, daß er beim Aussteigen aufklappt wie ein Taschenmesser, und er hat überhaupt keinen Hintern.
»Und weißt du, warum die Amis keinen Hintern haben? Weil sie dauernd Grapefruitsaft trinken.«
Das glaubt Gassner natürlich wieder nicht, aber Jonas weiß es von einer Tante, bloß was Grapefruit ist, weiß er auch nicht.
Wenn man als Pelzmärtel in einem Hubschrau-

ber herumfliegt, sollte man sich auskennen mit dem Luftzug von den Rotoren. Aber dieser Pelzmärtel kannte sich nicht aus. Er hatte eine rote Kapuze auf dem Kopf und die Watte hing ihm bis zum Bauch herunter, und trotzdem ist er gleich hinter dem Soldaten aus der Kabine gestiegen, wo doch die Rotoren noch gar nicht stillstanden. Sie machten jetzt nicht mehr solchen Krach und man konnte die Finger aus den Ohren nehmen. Aber man kann sich doch ausrechnen, daß der Wind, den die machen, den leichten Bart hochhebt. Wie das ausschaut, ein Pelzmärtel, dem der Bart kerzengerade in die Luft steht.
Der Soldat hatte sich umgedreht und einen Sack aus der Kabine gezogen, der war fast länger als er, und als er ihn auf die Schulter gewuchtet hatte, schleifte er noch fast über den Boden. Obwohl er nichts mehr gesehen hat, ist der Pelzmärtel weitergestiefelt, und ist gestolpert, und wenn der Soldat den Sack nicht hingeschmissen und den Pelzmärtel aufgefangen hätte, wäre er in eine dicke Pfütze geflogen. Das wär ihm grade recht geschehen.

Im Treppenhaus waren alle Lampen gelöscht, die großen Kerzenständer aus dem Betsaal standen unter der Schepperglocke und in diesem Licht schauten alle aus, als wären sie bloß Gesichter. Nur der Rektor und Herrle standen ganz vorn und hatten Beine.
Der Rektor schüttelte dem Pelzmärtel die Hand im Namen der gesamten Hausgemeinschaft und sein Besuch ist eine freudige Überraschung für uns alle.
Er kommt gerade direkt aus Amerika, sagte der Pelzmärtel, das ist eine sehr sehr weite Reise, aber er hätte diesmal keine Mühe scheuen wollen.
Der Pelzmärtel muß eine heiße Kartoffel im Mund haben, die er beim Reden immer im Mund herumdreht, und deswegen kann er den Mund nicht richtig aufmachen. Vielleicht reden die Amis alle so, das kann man nicht wissen, der Soldat kaut nämlich Kaugummi und sagt nichts.

Ob sie ihm nicht etwas vorsingen könnten, fragte der Pelzmärtel.
Und ob, sagte der Rektor, und fing auch gleich an zu singen: Vom Himmel hoch, da komm ich her. Dabei kommt er gar nicht vom Himmel, sondern der Pelzmärtel, aber vielleicht will er zeigen, wie brav er gewesen ist. Hinter ihm fällt der Hausdrachen ein, die singt wirklich schön, obwohl sie sonst immer nur keift. Der Gredelitz dreht sich um und Specko dreht sich auch um, da wissen alle, daß sie singen sollen.
Dem Pelzmärtel gefiel der Gesang und deswegen mußte der Ami ohne Hintern den großen Sack ausleeren, es fielen lauter kleine Päckchen raus und an jedem Päckchen war ein Zettel festgemacht mit dem Namen eines Schülers. Jonas zum Beispiel kriegte ein paar Socken und einen Drehbleistift mit einer goldenen Spitze. Aber erst mußte er das Päckchen aufkriegen, ohne daß es raschelte, wo doch Herrle schon nach hinten geflüstert hatte, sie sollen sich gefälligst etwas beherrschen.
Es haben aber doch nicht alle ein Päckchen gekriegt. Eigentlich, sagte der Pelzmärtel, belohnt er immer nur die, die es auch verdient haben. Aber wer weiß, wann er wieder die lange Reise wird machen können, deshalb hat er bei manchem ein Auge zugedrückt, bei einigen sogar alle beide. Bei einem allerdings hat das Augenzudrücken beim besten Willen nichts mehr genutzt.
Jeder andere hätte versucht, sich zu schleichen, auf den Abort zum Beispiel, das wär ganz einfach gewesen, hinter den andern sich ducken und ab durch die Wichspartei und dann könnte der Pelzmärtel vor der Aborttür warten, bis er schwarz wird.
Mecki winkelt nur die Arme an und macht zwei Fäuste, aber er bleibt stehen.
Den Betreffenden muß er, so leid ihm das tut, in den Sack stecken, verkündet der Pelzmärtel und er zieht eine Rolle Papier aus dem Mantel. Damit nämlich jeder sehen kann,

daß bei dem Betreffenden mit Augenzudrücken nichts mehr zu retten war, will er jetzt das Sündenregister des Betreffenden verlesen.
Jetzt ist es schon zu spät, jetzt kann Mecki sich nicht mehr verdrücken. Herrle hat ihn gepackt und vor den Pelzmärtel geschoben und alle schauen ihn gespannt an. Wenn er jetzt versuchen würde, sich zu drücken, hätte ihn Herrle blitzschnell am Wickel oder der Gredl, der schräg vor der Schepperglocke steht, und dort müßte der Mecki vorbei, wenn er sich auf den Abort retten wollte. Aber daran denkt Mecki nicht. Er hat die Arme verschränkt und grinst dem Pelzmärtel ins Gesicht.
Der Pelzmärtel schaut ihn an und sagt, das Grinsen wird ihm gleich noch vergehen. Er rollt seine Papierrolle auf und liest vor, daß Mecki erstens in impertinenter Weise das Suppensilentium gebrochen und sich geringschätzig über das Essen geäußert hat. Zweitens hat Mecki – aber weiter kommt er nicht. Mecki hat ihm die Rolle aus der Hand gerissen, zerreißt sie und schmeißt sie zusammengeknüllt auf den Boden. Jetzt steht er wieder mit verschränkten Armen da und grinst den Pelzmärtel an.
Dem Pelzmärtel fällt nicht gleich ein, was er sagen soll, und als er was sagt, merkt man, daß er sich zusammenreißt. Hiermit ist es ja nun vor allen sichtbar geworden, daß die vorgesehene Bestrafung mehr als angebracht ist. Darum wird er den Betreffenden kurzerhand in den Sack stecken. Und der Pelzmärtel hält den offenen Sack vor Mecki hin, damit er reinsteigen kann.
So einfach läßt sich Mecki nicht in den Sack stecken, der nicht. Er steht steif da und schaut den Pelzmärtel an, ohne mit der Wimper zu zucken. Bloß, was kann er machen, er ganz allein gegen den Pelzmärtel und den Ami und alle Präfekten und den Rektor hinter sich? Ganz einfach, Mecki steigt nicht in den Sack. Der Pelzmärtel schüttelt ungeduldig den offenen Sack, und er soll schon machen, daß er reinsteigt, aber Mecki steigt nicht rein. Es ist so

still in der Halle, daß man den Pelzmärtel laut schnaufen hört, und mit dem Geschenkpapier raschelt schon längst keiner mehr.
Der Pelzmärtel nimmt die rechte Hand vom Sackrand, zerrt Mecki am Pullover und reißt ihn runter. Aber der Sackrand fällt auch nach unten. Er zieht den Sack wieder auseinander, aber dazu muß er Mecki loslassen und da steht der auch schon wieder kerzengerade vor ihm und blickt ihn lauernd an.
Der Pelzmärtel versucht es andersrum, jetzt will er dem Früchtchen den Sack über den Kopf stülpen. Aber Mecki taucht nach unten weg und richtet sich einen Schritt seitlich wieder in voller Größe auf. Der Pelzmärtel wäre dabei fast auf die Schnauze gefallen, er richtet sich taumelnd wieder auf und jetzt sehen sie sogar im Kerzenlicht, daß seine Augen wütend blitzen.
Eigentlich wollte Herrle vorstürzen, um den Burschen zur Raison zu bringen, und Gredl und Specko standen auch schon sprungbereit. Aber der Pelzmärtel machte ihnen ein Zeichen, daß sie sich raushalten sollen, vielleicht wollte er zeigen, daß sich ein Pelzmärtel aus Übersee nicht von einem verzogenen Früchtchen auf der Nase herumtanzen läßt. Aber bevor er das zeigen konnte, streckte Mecki den Arm aus, zog einmal kurz und hielt einen Wattebart in den Händen. Hinter dem Bart aber erschien das Gesicht von dem Stamm, der Musiklehrer ist und den Chor dirigiert. Da mußten sie alle kichern, ob sie wollten oder nicht. Mecki drehte sich nach ihnen um und wedelte grinsend mit dem Bart des Pelzmärtels.
Gassner sagt, daß dem Stamm in diesem Augenblick die Sicherung durchgebrannt ist und er nicht mehr wußte, was er tat.
»Verdammter Bengel, dir werden wir noch die Hammelbeine langziehen«, brüllte er, und er hatte auf einmal keine heiße Kartoffel mehr im Mund. Er stürzte sich auf Mecki, der auf diesen Angriff nicht gefaßt war, und

schleuderte ihn gegen die Glasfront des Treppenhauses. Sie waren alle genauso überrascht wie Mecki selber. Sie halten den Atem an. Es scheppert und kracht und plötzlich spritzt eine Fontäne Blut schräg über das Glas, mindestens einen Meter hoch. Mecki hatte sich am splitternden Glas die Pulsader aufgeschnitten.
Der Hausdrachen kreischte und rannte nach Verbandszeug. Gredl ferste los und telefonierte die Sanitäter. Und kaum hatte die Oberschwester Mecki einen Notverband angelegt, kurvte auch schon das Rote-Kreuz-Auto mit heulenden Sirenen in den Hof. Zwei Sanitäter faßten Mecki unter den Arm, einer rechts und einer links. Aber als sie Mecki durch den Ausgang schoben, drehte er sich noch einmal um und schüttelte die erhobene Faust mit dem blutigen Notverband.

10.

Einzelzimmer haben nur die Großen im Studienheim, aber Schwabbel hat jetzt auch ein eigenes Zimmer, nämlich eine ausgeräumte Besenkammer. Gegenüber dem Schlafsaal der Vierten, wo der Stiegenraum weggeht zur Dachkammer, geht es auch zu seinem Zimmer, das heißt in den Stiegenraum rein und dann ist vor der Stiege rechts die Tür zu seinem Zimmer. In dem Zimmer hat Schwabbel einen Apparat, mit dem gibt er überall an, wie Dreck gibt er an, aber wenn man fragt, wozu er ihn braucht, verdreht er nur die Augen. Nicht einmal gegen einen Drehbleistift will er es verraten, so einen mit einer goldenen Spitze, der schon überdreht war, aber trotzdem. Und in sein Zimmer läßt er einen erst recht nicht rein, er sperrt es immer ab und den Schlüssel trägt er an einer Schnur unterm Hemd.
Gassner sagt, man muß ihn überfallen und ihm den

Schlüssel abnehmen, und dann den Apparat in aller Ruhe unter die Lupe nehmen. Und wenn der was taugt, wandert er in die Kegelbahn. Dann ist Schluß mit der Angeberei. Packen kann man Schwabbel schon, aber dann schreit er wie ein abgestochenes Ferkel und man hat die Präfekten auf dem Hals.
Am Ende der Stiege oben ist eine eiserne Tür zum Dachboden, die ist meistens abgesperrt und soll das Feuer aufhalten, wenn auf dem Dachstuhl ein Feuer ausbricht. Also kann man Schwabbel auch nicht auf den Dachboden locken und dann packen. Der Stiegenraum müßte eine Tür zum Gang haben, dann wär es einfach: Tür zu und packen, dann könnte er schreien, soviel er will. Hold stellt sich auf die oberste Treppenstufe, trampelt und schreit, während Jonas horchend den Gang entlangschleicht. Man hört fast nichts davon.
Also muß man Schwabbel auf die letzten Stufen der Stiege rauflocken und dort packen. Gefahr droht dann höchstens noch vom Herrle, der hat sein Zimmer auf dem Gang schräg gegenüber, und wenn der was nicht hören soll, dann hört er es hundertprozentig.
Schwabbel kam zwei Sekunden zu früh angeschlurft, zum Glück hört man ihn drei Kilometer gegen den Wind, so wie der schlurft. Sie drücken sich beide unter die Stiege. Er muß Lunte gerochen haben, er greift ins Hemd nach seinem Schlüssel, aber plötzlich schaut er sich lauernd um. Er kommt aus der Helligkeit und in dem Halbdunkel des Stiegenraums kann er nicht viel unterscheiden, die beiden halten auch den Atem an. Kaum hat Schwabbel den Schlüssel umgedreht, steht Hold mit einem Fuß in der Tür. »Wir wollen dich bloß mal besuchen«, sagt er. Jonas muß husten vom langen Atem-anhalten.
Sie sollen schnell reinkommen, er muß auch was mit ihnen bereden, sagte Schwabbel und war kein bißchen erschrocken.

»Ihr habt ein Versteck entdeckt«, und er möchte auch gern mitmachen. Vielleicht, aber erst müssen sie noch den Gassner fragen. Dafür zeigte ihnen Schwabbel sein Zimmer und sogar seinen Apparat.

Komisch, daß ihm der Herrle nicht auf die Schliche gekommen ist, der läßt sich doch sonst nicht so leicht an der Nase herumführen. Sogar als der Gredl ihm die Sache mit dem Apparat erzählt hat, hat er noch gemeint: »Halte ich für ausgeschlossen.«
Und beleidigt war er auch noch, weil Maßnahmen hinter seinem Rücken getroffen wurden, schließlich trägt er die pädagogische Verantwortung. In Wirklichkeit war er bestimmt bloß beleidigt, weil er Schwabbel nicht selber auf die Schliche gekommen ist. Dabei hat es manchmal richtig gestunken, Schwabbel hat ja bloß immer die Bettdekke übers feuchte Leintuch gezogen, und seine Bettnachbarn haben ihn immer angeschnauzt:
»Wasch dich, du Sau.« Ja der Kretzi war sogar zum Herrle gelaufen, er möchte den Bettplatz tauschen, der Schwabbel, der stinkt. Da hat Herrle gelacht und ihn gefragt, ob er sich vielleicht schon einmal selber gerochen hat. Bloß beim Fußappell hätte er es wirklich riechen müssen. Aber Schwabbel hat immer als erster die Haxen unterm Bettuch vorgestreckt, tadellos gewaschen, da kann man nicht klagen. Kein Wunder, daß Herrle den Jungen im großen und ganzen ganz in Ordnung fand.
Fußappell ist meistens so um elf Uhr rum, natürlich nachts. Bettruhe ist um dreiviertel neun, dann kann man noch mit der Taschenlampe unter der Bettdecke lesen. Flüstern geht auch, aber nur von Bett zu Bett, einer reißt immer das Maul auf und nebendran wohnt der Herrle, um diese Zeit hockt er meistens auf seiner Bude, und schießt beim geringsten Muckser in den Schlafsaal. Beim Fußappell wartet er bis elf Uhr, damit alle schon schlafen. Er reißt die Flügeltüren auf und schreit: »Fußappell!«

Dann macht er Licht. Sich schlafend stellen oder ins Licht blinzeln nutzt gar nichts, er reißt die Bettdecke weg und damit er besser sieht bei der Schlafsaalfunzel, die sowieso nur vorne die Waschbecken richtig beleuchtet, hat er eine Taschenlampe. Man muß ihm die Füße ohne Zögern unter die Nase halten, dann regt er sich nicht so leicht auf. Aber Watschen gibt es trotzdem und die haben sich gewaschen, davon kann der Jonas ein Lied singen. Er hat es nämlich nicht so mit dem Waschen und schon gar nicht mit dem Füßewaschen. Deswegen leuchtet ihm der Herrle auch immer die Füße ab, als hätte er Gold dran, dabei sucht er nur Dreck, und irgendwo entdeckt er bestimmt eine Dreckkruste. Raus aus den Federn und am Fußende des Bettes aufstellen, die Hände an die Schlafanzughose.

Der Herrle ist gefürchtet für seine Watschen, er haut im Takt, die erste mit der flachen Innenhand von rechts, die zweite mit der knöchel harten Außenhand von links, dann wieder von rechts.

Die zweite tut immer gemein weh, die dritte geht. Die Kunst ist, den Schädel so locker zu halten, daß er zwischen den Watschen hin- und herfliegt, dann tut es weniger weh. Ein bißchen besoffen wird man davon immer.

Dann torkelt man an die Waschbecken vor, verschlafen, heulend und mitten in der Nacht. Durch die Tränen sieht alles so verschwommen aus und weil man auch noch besoffen ist von den Watschen, kann man sein Waschbecken nicht gleich finden. Jetzt geht es Herrle nicht schnell genug, er hat alle Betten durchgemacht und möchte möglichst schnell wieder abhauen. Jetzt kann man ihn ärgern und extra langsam waschen, dagegen kann er nichts machen. Er bleibt an der Tür stehen,

kreuzt die Hände hinter dem Rücken und ärgert sich. Man merkt es daran, daß er »Warum nicht gleich so?« sagt und das Licht ausmacht, bevor man wieder im Bett liegt.
Warum soll man sich die Füße waschen, wo es doch keiner sieht? Nachts stecken sie sowieso unter der Dekke, und tagsüber in Strümpfen und Schuhen. Sauberkeit ist eine Haltung, sagt Gredelitz, das muß man eben in sich haben, je früher desto besser. Jonas hat es nicht in sich, aber Schwabbel erst recht nicht.
Auf die Schliche gekommen ist ihm schließlich der Hausdrachen. Kurz vor der Andacht kam sie in die Wichspartei gefegt. Wo die auftaucht, gibt es meistens Stunk, alle beugen sich über den langen blechbeschlagenen Wichstisch und bürsten wie die Weltmeister. Nur Schwabbel mußte dringend aufs Klo, das liegt im Erdgeschoß hinter der Wichspartei.
»Halt Freundchen, hiergeblieben.«
Der Hausdrachen erwischte ihn am Hosenträger, als er gerade durch die Kabinentür huschte. Sie zerrte ihn hinter sich her durchs Treppenhaus und keifte was von Schmutzfink und sie wird ihm die Leviten lesen. Im Schlafsaal drückte sie seine Nase ins zusammengeknüllte Leintuch.
»Schmeckts Freundchen?«
Schwabbel ließ die Arme hängen und schluckte.
»Ab zur Andacht«, schimpfte sie und schob ihn durch die Schlafsaaltür.
Wenn die Oberschwester den Mund aufmacht, hört es sich immer an wie Kreischen. Aber bei Schwabbel hat sie dicht gehalten. Sie ließ ein Gummituch in sein Bett legen. Machte er ins Bett, kam er zu ihr und sagte: »Ich hab wieder schlecht geträumt.« Dann ließ sie stillschweigend das Bettzeug wechseln. Aber auf die Dauer fühlte sie sich doch verpflichtet, Doktor Grandl ins Vertrauen zu ziehen.

»Ein Bettprunzer, ja da schau her.« Der Grandl mußte sowieso diese Woche nach Ansbach; bei der Gelegenheit brachte er den Apparat mit. Damit das Gerät nicht den ganzen Schlafsaal aus dem Schlummer reißt, wurde die Besenkammer ausgeräumt.
»Du kriegst eine fürstliche Behausung, das feinste Lokal am Platz«, erzählt er Schwabbel, der mit roten Ohren vor ihm steht. »Geh zu, Kopf hoch, das kriegen wir schon hin.«
Schwabbels Bett wurde reingestellt, dazu ein Nachttischchen, sogar ein winziges Dachfensterchen hat die Kammer. Schwabbel schluckt und fragt nach dem Apparat, Grandl zieht an seiner Zigarette und grinst vielsagend.
»Halts Maul, hörst du, das bleibt zwischen uns.« Er stößt den Rauch durch die Nasenlöcher. »Auf die Nacht zeig ich dir, wie es funktioniert.«
Schwabbel konnte kaum abwarten, bis es Nacht wurde.

Der Apparat war ein dunkelbraunes Kästchen aus Bakelit, das gleiche Zeug, aus dem auch die Füllfederhalter gemacht sind. Schwabbel hat das Gehäuse nämlich angekokelt und es hat gestunken wie ein angebrannter Füllfederhalter. Wenn man die Nase dran hält, kann man es sogar noch riechen. Von dem Kasten führen zwei Drähte weg, die steckt sich Schwabbel nachts in die Unterhose aus Gummi. Tagsüber liegt sie neben dem Apparat auf dem Nachttisch. Wenn Schwabbel nachts schifft, wird es feucht in der Gummihose, dann schellt in dem Kästchen eine Klingel. Er wacht auf, merkt, daß er schiffen muß und schifft nicht mehr ins Bett, oder nur so wenig, bis die beiden Drähte über die Feuchtigkeit Kontakt kriegen. Und wenn er trotzdem ins Bett schiffen will, dann kann er auch nicht. Dann gibt ihm nämlich der Apparat einen elektrischen Schlag, daß er lieber aus dem Bett springt und auf den Abort rennt.

»Das Modernste vom Modernen, mein Lieber«, hat der Grandl zu ihm gesagt. Und Schwabbel kann von Glück reden, wie nämlich er, der Grandl, so alt war, hat er jedesmal den Arsch dafür vollgekriegt.

II.

Bis zum Bettgang hat keiner was gespannt. Das heißt, der Dregger aus der Fünften sagt, er hat den Zettel doch vorm Trieb gesehen.

Am Schwarzen Brett hängen ein Haufen Zettel, und wer die immer alle lesen wollte, der hätte was zu tun. Außerdem kennt man doch, was da dransteht, zum Beispiel der Tagesablauf oder die Hausordnung, und wenn es wirklich was Neues gibt, steht der Rektor beim Silentium auf und verkündet es, dann erfährt man es sowieso, ob man will oder nicht. Deswegen schaut keiner ans Schwarze Brett, und wenn er zwanzig Mal oder noch öfter dran vorbeistiefelt.

Der Specko hätte es ja auch nicht gespannt, wenn er nicht den neuen Monatsplan für die Präfekten vom Dienst aufgehängt hätte, da mußte er nämlich mit der Nase draufstoßen. Genau unterhalb vom Tageslauf, der

schon ganz gelb ist, so lange hängt er schon am Schwarzen Brett, ist er gehangen, und offensichtlich stammte er aus einem Kalender. Genauer gesagt, war der Zettel aus einem Pfadfinderkalender herausgerissen. Jonas hat nämlich den gleichen. Mit einem dicken Farbstift stand draufgekritzelt: »Ach leckt mich doch alle am Arsch«, zweimal unterstrichen und drei fette Ausrufezeichen dahinter.
Specko ist nicht so, der kriegte eine rote Birne, aber er reißt den Zettel einfach ab. Warum soll es gleich wieder ein Mordstheater geben wegen so einem dummen Lausbubenstreich. Er steckte das Kalenderblatt in die Seitentasche des Jacketts und hat noch immer nichts gespannt. Er muß wohl seine Augen an der Kasse abgegeben haben, meinte Herrle, denn auch während der Studierzeit und beim Abendessen hat Specko noch nichts gespannt. Erst als er abends in der Vierten das Licht ausmacht, bleibt er vor dem leeren Bett stehen und glotzt.
»Bauer«, schreit er, so streng wie er kann, in die Richtung der Waschbecken. Er fegt hinter der gekachelten Wand mit den Waschbecken herum. Er leuchtet mit der Taschenlampe den Boden unter den Betten ab. Wann wurde Bauer zum letzten Mal gesehen? Seit dem Mittagessen nicht mehr.
Specko wollte sich ein Hörspiel im Radio anhören, verflixt nochmal. Mit der Taschenlampe rennt er durch die Aborte, sogar auf dem Präfektenklo schaut er nach. Aha, abgeschlossen. »Rauskommen, Bauer, aber ein bißchen plötzlich.«
Es hockt aber der Gredelitz drauf und will wissen, welcher Teufel in Specko gefahren ist. Specko rennt durch die Studiersäle, durch den Eßsaal, sogar über die Empore vom Betsaal und er schreit: »Bauer, Bauer!« In dem leeren Saal hallt das Echo von den Wänden.
Allmählich läuft Specko heiß. Herrle macht sowieso

gern solche Bemerkungen, daß er eine Nummer zu lasch wäre. Sogar in die Küche steigt er runter und leuchtet in die Suppentöpfe, ist ja nicht ausgeschlossen, daß sich ein Halbwüchsiger drin versteckt, noch dazu einer wie der Bauer, der auf Sachen kommt, daß man nur den Kopf schüttelt, woher er es nimmt.

Und plötzlich hat es Specko gespannt. Er reißt das Kalenderblatt aus der Jackentasche und studiert es im Lichtkegel der Taschenlampe. Das Geschreibsel ist krakelig und fahrig, na klar, er will ab morgen Meier heißen, wenn das nicht die Handschrift vom Bauer ist.

Da half alles nichts. Specko rannte aufgeregt zu Herrle, aber Herrle lacht nur: »Ausgerückt, der Teufelskerl.«

Specko wurde bleich. Was kann dem Jungen nicht alles passieren, mutterseelenallein und mitten in der Nacht.

»Unkraut vergeht nicht«, brummte Herrle. Er soll sich bittschön auf seine vier Buchstaben setzen, und damit er sich beruhigt, schenkte er ihm ein Glas Kognak ein.

Ruhiges Blut und klaren Kopf. Zuerst heißt es alle Spuren zu sichern, damit man eine Vorstellung kriegt, was der Bengel vorhat. Danach werden geeignete Maßnahmen ergriffen, und das wär doch zum Lachen, wenn der nicht morgen schon wieder im Bau säße.

Zuerst untersuchten sie seinen Spind und sein Pult, und das brachte selbst Herrle auf die Palme. Der Bruder hatte sich nicht die geringste Mühe gegeben, irgendwas zu verheimlichen. Der Spind stand sperrangelweit offen, die Wäsche durcheinander geworfen wie Kraut und Rüben und offensichtlich fehlten ein paar Unterhosen und der Anorak. Von einem Freßpaket flog nur noch das Packpapier zerknüllt im untersten Fach herum. Aha, laut Poststempel hatte er es gestern erhalten, also hat er es als Marschverpflegung mitgehen lassen.

Im Pult fehlte wohl nur das Federmäppchen, jedenfalls soweit sich das absehen ließ. Specko meinte allerdings, Bauer hätte sich vor kurzem erst zwei dicke Bände aus der Leihbücherei im Städtchen geholt, zwei dicke Schwarten, Tom Prox oder in der Richtung, und die fehlten offenbar auch. Herrle bedachte Specko mit einem Blick, der sowas bedeutete wie: Schundliteratur ist auf der Stelle einzukassieren, schließlich gibt es im Gymnasium drüben eine Klassenbücherei mit wertvoller Lektüre. Aber laut sagte er nichts.

Herrle scheuchte sogar die Sioux aus dem Bett. Mitten in der Nacht mußte sie die Vorräte in der Küche kontrollieren, und tatsächlich, es fehlten zwei ganze Brote, und Bauers Butterdose aus dem Schrank vorm Eßsaal anscheinend ebenfalls. Um auf Nummer sicher zu gehen, wurde Bauers Tischnachbar aus den Federn geholt. Die Dose ist weg, er kennt sie doch genau: blau und viereckig und mit einem Knopf zum Aufmachen, und so eine Dose gab es im ganzen Schrank nicht.

Am nächsten Morgen bei der Andacht erfahren es alle. Da befiehlt nämlich der Gredl unseren fehlgeleiteten Bruder, der unbehütet und schutzlos durch die Welt irrt, dem besonderen Schutz des Herrn, und nach der Andacht steigt auch noch der Rektor ans Pult und spricht zu den Schülern. Jeder, der von den Absichten des Vermißten weiß, oder der ihn in dem Zeitraum zwischen dem Mittagessen und seinem mutmaßlichen Verschwinden gesehen hat, soll das unverzüglich und wahr-

heitsgemäß berichten. Wer etwas verschweigt, soll wissen, daß er dem Ausreißer damit einen Bärendienst erweist. Im übrigen werde man ihn sicher bald ergreifen, denn die Polizei ist alarmiert und eine intensive Suche in die Wege geleitet. Auch im Rundfunk wird eine Suchmeldung durchgegeben, so daß er in jedem Falle nicht weit kommen kann.
Aber selbst wenn sie gewollt hätten, konnte niemand etwas Genaues berichten. Nur eine Küchenhilfe hat einen hochaufgeschossenen Jungen mit krausen Haaren nach dem Mittagessen einen Zettel ans Schwarze Brett heften sehen, sich aber nichts weiter dabei gedacht. Auf genaues Nachfragen erfuhr man, daß er einen vollen Matchsack zwischen die Beine geklemmt hatte, und daß sie sich auch dabei nichts gedacht hätte.

Weit war Mecki vielleicht wirklich nicht gekommen, aber so ganz genau weiß das keiner. Jedenfalls hat ihn auch die Polizei nicht erwischt und der Aufruf im Rundfunk war auch für die Katz. Am übernächsten Tag, nachts und punkt zwölf Uhr, war er wieder da, und das konnte jeder hören. Mindestens fünf Minuten lang hat er gescheppert was die Glocke hergab, und dann war auch der letzte im Haus aus dem Schlaf geschreckt. Ein paar Schüler rannten im Schlafanzug durchs Treppenhaus und schrien: Feuer, Feuer! Der Herrle und der Rektor standen im Schlafrock unten im Flur und zerrten den Mecki am Kragen hinter sich her.
Gredl stapfte mit ausgebreiteten Armen die Treppe hoch und brüllte: »Schluß mit dem Unfug, gar nichts brennt, und marsch zurück in die Federn.« Aber die Hinteren drängten nach vorn und schoben ihn rückwärts die Stufen wieder runter. Erst als sie mit dem Mecki im Rektorat verschwunden waren, und jeder gesehen hat, daß gar nichts brennt, sind sie alle wieder ins Bett gegangen.

Mecki hatte am nächsten Tag Striemen auf den Backen und verschwollene Augen, klarer Fall, das waren die Rückwärtswatschen vom Herrle, aber rausgebracht haben sie nichts. Und wenn ihn sonst jemand fragte, hat der Mecki nur gesagt, das ginge ihn einen feuchten Dreck an. Und was er die zwei Tage lang gemacht hat, das weiß bis heute keiner.

Lindes und seine Bande

12.

Am Kasten vorbei geht ein Weg, der geht nach Mosbach, und hinterm Studienheim ist rechts von dem Weg so ein Huppel. Das weiß jeder, weil jeder zehnmal am Tag dran vorbeirennt, ohne sich was dabei zu denken. Aber wenn man Verstecken spielt, und man versteckt sich im Gebüsch, das um den Huppel rumwächst, und auf einmal kracht man mit einem Bein in ein Loch, das so modrig riecht und so tief ist, daß man kein Ende spürt, dann fängt man an zu denken.
In das Loch ist der Gassner gefallen, Jonas hat an der Stirnwand der alten Kegelbahn am Anschlag gestanden und ausgezählt und er hat ein bißchen durch die Finger geschielt, sonst hätte er ihn nie entdeckt. Aber durch die Finger hat er gesehn, wie der Gassner im Gebüsch verschwindet, und geraschelt hat es außerdem.
»Angeschlagen«, hat er geschrien, aber der Gassner kommt nicht vor.
»Tu nicht so, ich hab dich genau gesehen.«
Über dem Huppel bewegen sich die Spitzen einer Holunderstaude. Jonas steht vor dem Gebüsch und versucht, durch die Blätter zu linsen, da hört er ihn von drinnen stöhnen. Vielleicht ist das bloß ein fauler Trick, und

wenn er jetzt ins Gebüsch kriecht, schlägt sich der Gassner hintenrum frei.
Jonas wär nicht reingekrochen, wenn der Gassner nicht auf einmal geschrien hätte. Jetzt prescht er rein, daß ihm die Brennesseln die Knie verbrennen und daß er sich blutig ritzt am Weißdorn. Bis er den Gassner am Boden zwischen den Brennesseln entdeckt. Das rechte Bein ist gradaus gestreckt und aufgeschürft ist es auch, aber das andere Bein ist weg. Er packt ihn an den Schultern und zieht wie verrückt, weil er ihn aus dem Gebüsch rauskriegen will und den Doktor holen oder den Herrle oder wen er erwischt. Da schlüpft das Bein aus dem Loch raus, und er braucht den Doktor nicht zu holen. Das Loch riecht modrig und ein Ende sieht man nicht, und drum herum liegen Stücke verfaultes Holz.
»Wir haben eine Höhle entdeckt«, flüsterte Gassner.
Um eine Höhle zu erforschen braucht man ein Seil, eine Taschenlampe und eine Kerze. Das findet der Gassner zum Lachen.
»Eine Kerze, einmal gehustet und dann geht sie aus.«
Aber man braucht sie doch gar nicht zum Leuchten, man braucht sie für den Fall, daß man sich verirrt. Dann hält man sie hoch, das heißt, man muß sie natürlich erst anzünden, also Streichhölzer braucht man auch. An der Flamme der Kerze erkennt man, ob ein Luftzug herrscht, die Flamme brennt dann in die entgegengesetzte Richtung, also muß man sich in der Richtung durchschlagen, die der Flamme gegenüberliegt und man gelangt schließlich wieder ans Tageslicht.
Man kann doch geradesogut den Finger naß machen, dann merkt man auch, woher der Luftzug kommt, meint der Gassner.
Aber das ist unsicherer, weil der Luftzug so schwach sein kann, daß man es auf dem nassen Finger gar nicht spürt, und dann sitzt man in der Falle und verhungert. Und außerdem stellt man mit Hilfe des Kerzenlichts fest, wie die

Luft beschaffen ist. Sobald sie schwächlich flackert und dann ausgeht, ist die Luft in der Höhle sauerstoffarm und man muß schleunigst abhauen, sonst wird man ohnmächtig.
Eine Taschenlampe hat fast jeder, zum Beispiel um nach dem Bettgang noch unter der Decke zu lesen. Jonas hat sogar eine Stabtaschenlampe, die leuchtet zweihundertfünfzig Meter weit. Wenn man nachts zum Kasten rausleuchtet, leuchtet sie fast bis zum Saalbau der Wirtschaft hinter der Kreuzung, wo die schlesische Landsmannschaft ihre Vereinstreffen macht, und der Gredl rennt auch hin. Kerzen braucht man für die Stänkerstunde in der Adventszeit, dann darf man Zweige in die Löcher stecken, die oben in die Randleisten der alten Pulte gebohrt sind. Je dicker die Zweige sind, desto schlechter kann die Aufsicht sehen, und man kann machen, was man will. Die letzte Stunde der Studierzeit darf man die Kerzen anzünden, das ist die Stänkerstunde, da halten alle Stückchen Zweige in die Kerze, oder die Bakelithauben von den Füllfederhaltern, die rauchen wie ein Lokomotivschlot und stinken fürchterlich. Aber die Aufsicht darf nichts sagen, weil Stänkerstunde ist. Und wenn dann hinterher die Fenster aufgemacht werden, dann qualmt es, als wäre ein Feuer ausgebrochen im Kasten.
Im Sommer gibt es keine Stänkerstunde, aber der Gassner findet noch ein Stückchen Kerze in seinem Pult, und Streichhölzer hat er auch, weil er immer so tut, als würde er schon rauchen. Bloß wo kriegt man ein Seil her? Schnur hat auch fast jeder, aber die hält nicht viel, das haben sie ausprobiert. Jonas hat sie in der alten Kegelbahn an einen Balken gebunden und sich drangehängt. Die Schnur hat ihm in die Arme geschnitten, daß ihm die Hände pelzig geworden sind, und er sowieso bald losgelassen hätte, wenn die Schnur nicht vorher schon durchgekracht wäre. Man müßte ein Seil daraus drehen. Aber die Schnur hat sich gleich wieder aufgedreht, sobald man

sich drangehängt hat. Zum Glück fällt ihnen noch was besseres ein: Im Hof hinter dem Landwirtschaftsgebäude hängt eine Wäscheleine, und wenn man den richtigen Moment abpaßt, kann man sie abmachen, natürlich nur, wenn grad keine Wäsche dran hängt.
Dem Hold haben sie es auch gesagt, und jetzt müssen sie nur noch überlegen, wann sie einsteigen. Die beste Zeit dafür wäre um fünf, nach der Studierzeit, aber Jonas ist in Latein eine Flasche und Gassner hat in der letzten Deutscharbeit eine Fünf geschrieben, er muß jetzt auch eine Stunde länger am Pult sitzen. Deswegen geht es bloß am Donnerstag nach dem Mittagessen, nämlich beim Stadtausgang. Da bleiben nur wenige im Kasten und sie fallen nicht so leicht auf. Hoffentlich hängt dann keine Wäsche an der Leine.

An der Leine hing aber doch Wäsche, ein paar Bettücher und eine lange Unterhose, tropfnaß. Warum muß es auch noch regnen, als sie gerade losziehen wollen? Zum Glück regnet es nicht richtig, nur ein kurzer Schauer, aber der platscht richtig runter. Deswegen bleiben viele zu Haus, die sonst in die Stadt gelatscht wären. Was sollen sie mit der nassen Wäsche machen? Sie verstecken sie in der alten Kegelbahn und wollen sie hinterher wieder aufhängen.
In das Gebüsch kriechen sie von hinten rein, denn Vorsicht ist die Mutter der Porzellankiste, sagt der Gassner und man kann ja nie wissen.
Ein Glück, daß sie lange Hosen anhaben, von hinten stehen die Brennesseln so hoch, daß sie sich sogar das Gesicht dran verbrennen, und ganz naß werden sie auch, weil das Wasser von den Blättern spritzt. Erst haben sie das Loch nicht mehr gefunden, es lagen nämlich welke Blätter drüber.
»Du, da war einer«, zischt Jonas.
Aber es war der Gassner selber, er war am Abend noch-

mal reingekrochen und hatte das Loch abgedeckt, damit ihnen keiner ihre Entdeckung vor der Nase wegschnappt. Verflixt, jetzt haben sie doch was vergessen, eine Schaufel und einen Pickel, dabei hat jeder Höhlenforscher sowas im Rucksack. Mit bloßen Händen kratzen sie die Erde um das Loch herum weg. Sie kommen nicht weit, ungefähr nach zehn Zentimetern stoßen sie auf was Festes. Sie graben wild mit beiden Händen. Es ist altes Holz, morsch und ganz schwarz von der Feuchtigkeit, und glitschig. Eklig anzufassen, aber sie graben weiter.
»Da hört es auf«, sagt Hold.
Er hat den Rand des Brettes erreicht, jetzt gräbt er am Rand entlang weiter, und bald ist er an einer Ecke. Jonas erwischt auch einen Rand und jetzt sieht man es schon, das Brett muß quadratisch sein. Es ist dick, und mit zwei verrosteten Eisenbändern verstärkt.
Es ist keine Tür, es ist bloß ein Deckel, und fast in der Mitte ist das Loch, in das der Gassner reingekracht ist. Jonas krallt die Finger um den Rand des Deckels und zieht. Die Finger tun ihm weh, aber der Deckel ruckt keinen Millimeter. Sie packen zu dritt an, Gassner gibt das Kommando und sie ziehen was sie können, da kracht der Deckel in der Mitte auseinander und sie fliegen mit dem Hintern in die Brennesseln.
Jetzt sind sie sowieso schon ganz naß. Jonas wirft sich auf den Bauch und sagt in die dunkle Öffnung: »Hallo, ist wer da?« Es klingt dumpf und ein muffiger Geruch steigt ihm in die Nase, die andern schmeißen sich neben ihn. Jonas knipst seine Stabtaschenlampe an, sie folgen dem Lichtkegel der Lampe. Genau unter ihnen liegt ein Haufen altes Stroh, es ist schon ganz verfault und Dreck dazwischen. Aber ein Stück seitlich stößt die Lampe auf einen gemauerten Boden, gar nicht so tief, vielleicht drei Meter oder so. Der Lichtschein wandert weiter nach hinten und enthüllt ein morsches Holzgestell aus Lattenrosten, und dahinter eine Wand aus dicken Feldsteinen.

Das Ende der Wand kann man nicht anleuchten, weil unter dem Deckel ein gemauerter Schacht runtergeht, und die Sicht versperrt.
Gassner reißt Jonas die Lampe aus der Hand.
»Packt mich an den Beinen, aber richtig fest!«
Hold hockt sich auf ein Bein von ihm drauf. Jonas stinkt es, daß er ihm die Lampe weggerissen hat, aber dann setzt er sich doch auf das andere Bein. Gassner rutscht vorwärts, und die beiden rutschen auf seinen Beinen hokkend nach.
»Festhalten«, sagt er noch einmal und beugt sich mit dem Oberkörper in den Schacht rein.
»Siehst du was?« fragt Hold.
Gassner antwortet was, aber es klingt hohl, und man kann es nicht verstehen. Und auf einmal strampelt er mit den Beinen. Hold und Jonas kriegen Angst. Sie ziehen an den Beinen und stemmen sich mit den Füßen gegen den Rand des Deckels. Da kommt er wieder hoch.
Es ist ein Keller, sagt er, und vorn auf den Weg raus hat er eine Tür, und am Boden liegen Haufen von vergammeltem Zeug, Kartoffeln, glaubt er.
»Los, wir steigen ein!«
Das läßt sich leicht sagen. Das Seil langt dreimal bis auf den Boden, aber wo soll man es festmachen? Die dünnen Stauden von den Büschen, die knicken doch ab wie Schilfrohr.
Gassner rennt los und kommt gleich drauf zurück. Hinter sich her zieht er ein Kantholz von etwa eineinhalb Meter Länge.
»Du kriegst einen Orden«, lacht Hold, aber Gassner preßt ihm die Hand vor den Mund. Er horcht in Richtung auf den Fußweg.
»Hat dich einer gesehen?« flüstert Jonas.
»Der Lindemann aus der Vierten.«
»Hast du gequatscht?«
»Wofür hältst du mich?«

Gassner schiebt das Kantholz quer über den Schacht. Das Seil verknotet er mit einem Seemannsknoten, den er im Pfadfinderkalender von Jonas gesehen hat, und der kann sich nie von selbst aufziehen.
Er klemmt die Stablampe zwischen die Zähne und schwingt sich auf das Kantholz. Sobald er das Seil zwischen den Füßen spürt, läßt er sich runter. Mit einer Hand klammert er sich noch immer am Kantholz fest. Als er es losläßt, saust er am Seil entlang runter und landet mit einem dumpfen Aufschlag am Kellerboden.
Gassner leuchtet das Seil entlang hoch. »Mir nach, Freunde.«
Jonas hockt schon am Schachtrand, um sich runterzulassen, da fällt ihm was ein.
»Wie kommen wir eigentlich wieder rauf?«
»Mach in die Hosen, Feigling«, schimpft Gassner und fuchtelt mit der Taschenlampe herum. Da hat der Hold eine Idee. Er holt das Seil hoch und macht lauter Knoten rein.
»Die kannst du aber auch wieder aufmachen«, schimpft Gassner. Aber jetzt rutscht man nicht mehr auf einen Satz runter, und man kann auch wieder raufsteigen, weil man Halt unter den Füßen kriegt.
Unten leuchten sie herum. Die Decke ist ein Gewölbe, an der höchsten Stelle ist der Luftschacht, durch den sie eingestiegen sind. Der Raum ist rechteckig, ein bißchen länglich, und bis auf einen Haufen Dreck in der Mitte ist er ganz leer. Gassner knipst die Lampe aus und im Halbdunkel sieht man das Tageslicht durch die Ritzen der Eingangstür schimmern.
»Tolle Sache«, sagt er, aber das glaubt er selber nicht. An seiner Stimme merkt man, wie enttäuscht er ist, die ganze Entdeckung ist ein feuchter alter Kartoffelkeller.
»Ich schleich mich«, sagt Hold und sucht mit der Hand nach dem lose hängenden Seil.
Jonas knipst die Taschenlampe an und macht sie gleich

wieder aus. Oben knackte ein Zweig und es raschelte. Alle drei halten sie den Atem an. Jetzt hört man es ganz deutlich, da macht sich einer im Gebüsch zu schaffen.
»Verstecken, Freunde«, zischt Gassner und sie kriechen vorsichtig rückwärts. Die Öffnung des Schachtes verdunkelt sich, der Lichtkegel einer Taschenlampe kommt aus dem Luftschacht und wandert über den Boden. Mist auch, daß Jonas grade jetzt auf dem glitschigen Boden ausrutschen muß und auf den Hintern fällt. Der kreisrunde Fleck macht einen Satz und erwischt Jonas, wie er sich erschrocken aufrichtet. Die Lampe blendet und er kann nicht erkennen, wer ihn anleuchtet.
»Sieh an, sieh an«, lacht eine Stimme durch die Öffnung, »der kleine Blondling.«

Jonas versucht rauszubringen, wer das sein könnte, die Stimme kennt er, aber er kommt nicht drauf, und das Licht der Lampe blendet ihn. Aber ein Präfekt ist es nicht. »Vortreten«, kommandiert die Stimme von oben, »und zwar ausnahmslos alle. Und glaubt bloß nicht, ich wüßte nicht Bescheid.«
Der Lichtschein läßt Jonas los und tastet den Keller ab. Gassner und Hold kauern sich in ihre Ecken, Jonas schiebt sich auf allen Vieren weiter zurück. »Na schön, wie ihr wollt«, lacht dic Stimme über ihnen und sie sehen, daß das Seil hochgezogen wird.
Da hält Hold es nicht mehr aus und rennt vor:
»Mensch, laß mich raus!«
Die Lampe faßt nach ihm.
»Sieh an, sie werden lebendig. Wen haben wir denn noch?«
Gassner kommt vor. »Aha, alle guten Dinge sind drei.

Achtung Kinder, macht einen schönen Knicks, jetzt kommt Besuch.«
Und ein Junge rutscht das Seil herunter. Siehst du, der Gassner hat doch nicht richtig aufgepaßt, es ist Lindes, der ihnen nachspioniert und sie bei ihrer Entdeckung überrascht hat.
Lindes leuchtete mit der Lampe den ganzen Keller ab. Plötzlich fragte er:
»Wer hat die Knoten ins Seil gemacht?«
Gassner machte eine Bewegung, um zu sagen, daß er es nicht gewesen war, er war ja gleich dagegen.
»Gut gemacht«, nickte Lindes anerkennend, »Kinder, ihr seid anscheinend nicht auf den Kopf gefallen. Wollen sehen, was sich mit euch anfangen läßt.«
Hold langte wieder nach dem Seil, um sich zu schleichen.
»Sachte, Freund.« Lindes packte ihn an der Schulter. »Hier stellst du dich auf. Und ihr beide daneben. So und nun reißt die Ohren auf und schreibt euch jedes Wort hinter die Löffel!«
Lindes ging in kleinen Schritten vor den dreien auf und ab. »Ich gründe mit euch eine Bande, der Keller hier ist unser Hauptquartier.«
»Ich will aber keine Bande gründen«, sagte Hold und langte wieder nach dem Seil.
»Möchtest du lieber im Keller verhungern? Also marsch zurück auf deinen Platz. Und merke dir, das Kommando führe ich. Befehl ist Befehl und Schnaps ist Schnaps.«
»Also gut«, sagte Gassner, »dann gründen wir halt eine Bande.«
Lindes schaute auf seine Armbanduhr.
»Noch zehn Minuten bis zur Studierzeit. Also Abmarsch, Kinder. Nächster Treffpunkt, Samstag punkt zwei Uhr im Hauptquartier.«

13.

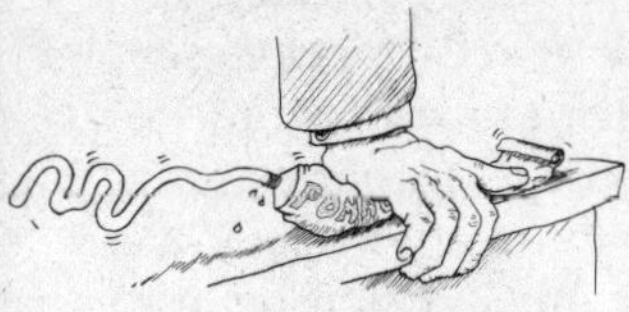

Eigentlich heißt er Lindemann, und er ist sauer, wenn man ihn Lindes nennt. Lindes ist nämlich die Marke von einem Muckefuck, das heißt, auf der Packung steht: Hocharomatischer Kaffeeersatz. Und wer ihm den Werbespruch aus dem Radio nachschreit: »Lindes, Lindes, Lindes, ja der schmeckt«, den verhaut der Lindes, das heißt, wenn er ihn erwischt. Denn im Laufen ist er eine Niete, aber er merkt sich den, und irgendwann kriegt er ihn.

Und schmecken tut er wirklich, nämlich nach Pomade, zehn Meter gegen den Wind. Sein Scheitel ist immer wie mit dem Rasiermesser gezogen und seine Haartolle hängt ihm nie ins Gesicht oder so gut wie nie. Jeden Morgen schmiert er sich ein halbes Pfund Pomade ins Haar, vielleicht nicht ganz so viel, aber danach stinkt er dann. Und er hat immer einen Kamm dabei, der schaut hinten aus seiner Hosentasche raus. Jedesmal wenn er auf den Abort muß, zieht er mit dem Kamm den Scheitel nach. Und in der rechten Hosentasche hat er ein Handspiegelchen, das wickelt er ins Taschentuch ein, damit es nicht zerbricht. Damit kämmt er sich, wenn er nicht auf den Abort muß.

Der Hausdrachen keift jeden an, bloß den Lindes hat sie ins Herz geschlossen, weil er sich soviel Pomade ins Haar schmiert. Bei wem es auf dem Kopf zugeht wie Kraut und Rüben, sagt sie, der hat auch nur Kraut und Rüben im Kopf. Und schließlich geht es auch anders, schaut euch den Lindemann an. Und bloß deswegen müssen sie jetzt eine richtige Leiter bauen.

Die Wäscheleine haben sie nämlich noch immer nicht zurückgebracht, sie brauchen sie doch zum Einsteigen in den Keller, und die alte Wäsche liegt noch in der Kegelbahn. Der Hausdrachen ist zum Rektor gerannt, und der Rektor hat beim Silentium mit der Glocke geschellt und

gesagt, er hat ja Verständnis für Dumme-Jungen-Streiche, schließlich war er ja früher auch kein Engel gewesen. Aber das muß er doch sagen, sie haben immer geradegestanden für ihre Streiche. Entweder die Leine hängt heute abend wieder auf ihrem Platz mitsamt der Wäsche, oder derjenige, der sie abgenommen hat, meldet sich bei ihm persönlich. Sollte das eine wie das andere ausbleiben, wird der nächste Stadtausgang gestrichen, und zwar ausnahmslos für alle.
»Der Mann hat recht«, sagte Lindes, dabei sagte er das nur, weil ihn der Hausdrachen wegen seinem Scheitel lobt. Die können sich doch leicht ein neues Stück Leine besorgen, aber Jonas, Hold oder Gassner können sich keine kaufen.
»Wir bauen eine Leiter«, sagte Lindes. Der hat leicht reden, womit denn?
Aber der Lindes sagte auch: »Das ist ein Befehl.«
»Wahnsinn«, schimpfte Gassner. »Ich freß einen Besen, wenn die nicht im Saustall hocken und linsen. Bevor du den ersten Knoten machst, haben sie dich am Wickel.«
Bittschön, dann soll er selber die Leine wieder aufhängen und die Wäsche dazu.
Lindes biß sich auf die Unterlippe und das macht er immer, wenn er sich ärgert. Und dann sagte er: »Ich werde mit gutem Beispiel vorangehen.«
Es dauerte eine halbe Ewigkeit, bis sie den ersten Knoten aufgebracht hatten, die waren festgezogen vom Raus- und Reinsteigen. Lindes war im Hof hinterm Saustall den Abstand zwischen den Wäschehaken abgeschritten, und genau in dem Abstand haben sie zwei Schlaufen an die Leine gemacht. Die Bettwäsche und die alten Unterhosen waren ganz stockig vom Rumliegen und haben gestunken. Sie haben sie in der Kegelbahn mit Wäscheklammern ans Seil gehängt. Lindes hat sich einen alten Sack über den Kopf gezogen mit einem Schlitz zum Rausschauen und zwei Löchern für die Arme. Er hatte schon

die Leine mit der Wäsche zusammengerollt, da fiel ihm noch was ein: »Gassner, prüfe die Luft im Saustall!« Das soll der Hold machen, der hat auch die Knoten reingemacht.
Hold geht in den Saustall, die Wachtel nach einer schönen Arbeit fragen. Aber es hockt kein Präfekt im Saustall und da haut er sich auf die Stirn, seine Lateinaufgabe, so was Dummes, daß er die vergessen hat. Er klopft an der Kegelbahn dreimal ans Fenster und aus dem Fenster fällt ein alter Kartoffelsack, der hängt die eine Schlaufe auf den Haken und hetzt über den Hof und will die andere Schlaufe einhängen, aber er hat sich verrechnet, sie ist zu kurz. So ein Mist. Bis er die Schlaufe aufhat und eine andere Schlaufe reingeknotet, hätten ihn die Präfekten zehnmal erwischt, wenn sie im Saustall gelauert hätten. Aber sie haben nicht gelauert.

14.

Eine Leiter bauen ist gar nicht so einfach. Wenn man zwei Stangen hat, ist es keine Kunst, kurze Stücke für die Sprossen findet man immer. Vielleicht liegen in der Kegelbahn ein paar alte Latten. Jonas und Hold robben zwischen dem aufgestapelten Heu und dem Dach durch, kaum daß sie durchkommen. Das alte Heu staubt, und wenn man ans Dach stößt, staubt das auch. Sie müssen husten, und als sie rauskommen, haben sie Tränen in den

Augen, bloß Latten haben sie immer noch nicht. Eine haben sie gefunden, die war oben unter dem First angenagelt, an einem Ende konnte man sie mit der Hand abreißen, und wie sie das andere Ende abstemmen wollten, krachte sie auseinander.

Also ab in den Landwirtschaftskeller. Da kommt man nur rein, wenn man sich bei der Wachtel für eine schöne Arbeit meldet. Sie müssen die Triebe von den alten Kartoffeln zupfen. Während Hold und Jonas zupfen, stöbert Gassner durch den Keller. Da steht alles rum, bloß keine Latten.

Jonas hat eine Idee, nämlich die Bohnenstangen im Gemüsegarten. Nochmal für die Wachtel schuften? Kommt gar nicht aufs Tablett. Man kann sich ja auf die Lauer legen und über den Zaun klettern. Der Zaun ist morsch und eine Latte kracht ab. Sie schmeißen sich zwischen die Kohlrabi und linsen.

»Die Luft ist rein, Freunde«, zischt Gassner und geht vorwärts auf allen Vieren. Man weiß ja nie, ob nicht drüben ein Küchenmädchen rausschaut, die haben im zweiten Stock ihre Zimmer. Sie müssen einen Umweg machen hinter den Buschbohnen vorbei, der Spinat gibt keine Deckung. Dafür können sie durch die Erbsen abkürzen. Frische Erbsen schmecken süß, und wo sie schon da sind, können sie auch gradsogut ein paar Schoten verdrücken, merkt ja keiner. Aber wie sie noch am Schotenaufdrükken sind, steht die Wachtel vor ihnen und stützt sich auf den Stiel einer Harke.

»Ja da schau her, ja da schau her. Fressen einem die Erbsen unter den Augen weg. Mit der Mistgabel gehört ihr erschlagen, ihr Lauser, ihr dreckigen.«

Gassner rollt sich rückwärts in die Erbsen, aber die Wachtel krallt ihn mit der Harke am Hosenträger.

»Du kommst mir grad recht, grad recht kommst du mir. Ihr zupft mir Unkraut, ihr Lauser, und ich halt die Goschen.«

Nichts zu machen, bis zum Abend müssen sie Unkraut ausreißen und die Wachtel bringt ihnen sogar noch eine Hand voll Mirabellen, und während sie die kauen, sagt sie:
»Ja, jetzt sagt mir bloß, was schleicht ihr in meinen Erbsen rum? Ihr seid doch nicht bloß hinter den Erbsen her, nie im Leben seid ihr bloß hinter den Erbsen her.«
»Eigentlich nicht«, lacht der Hold und die Wachtel spuckt ihm einen Kern ins Gesicht.
»Raus mit der Sprache, ihr Lauser, ihr dreckigen.«
»Zwei alte Bohnenstangen.«
»Ja warum sagt ihr das nicht gleich?« brummt die Wachtel.
Hinten im Garten steht ein alter Schuppen und da lehnt ein Bündel Bohnenstangen.
»Zwei könnt ihr euch nehmen, ihr Lauser, ihr dreckigen.«
Die Wachtel ist prima, bloß ihre Stangen sind zu kurz. Da hat der Hold zu Lindes gesagt, er soll seine blöde Leiter alleine bauen und überhaupt im Keller unten stinkt es. Lindes hat ihn nur scharf angeschaut. Schwierigkeiten sind dafür da, um sie zu meistern, und er hat beschlossen, jetzt erst recht Nägel mit Köpfen zu machen, und beim nächsten Stadtgang werden zwei Bäume geschlagen.

Am nächsten Tag hat er eine Axt gehabt, keiner weiß woher, und die hat er in seinen Pullover gewickelt und sie sind in den Wald. Aber einen Baum abhacken ist verboten, und deswegen müssen Jonas und Held einen Warnpfiff lernen und stehen Schmiere. Den Gassner nimmt er mit ins Unterholz. Und wie er wieder rauskommt, schleift er zwei Stämmchen hinter sich her, fachmännisch entastet.
Zwischen dem Waldrand und dem Kasten geht es schätzungsweise dreihundert Meter über freies Feld. Sie können doch nicht zwei frisch geschlagene Bäumchen am

hellichten Tag durch die Gegend schleifen. Zum Glück ist es neblig und sie begegnen niemand bis kurz vor der Flüchtlingssiedlung, da kommt ein Ehepaar vorbeispaziert. Sie schmeißen die Stämme ins Gras und ducken sich. Sie müssen die Stämme liegenlassen. Erst in der Dämmerung zwischen Abendessen und Andacht schleppen sie sie zum Hauptquartier.
Und dann noch das Zusammennageln. Gassner hockte vor der Kellertür und klopfte dreimal, sobald einer vorbeistiefelte. Jonas hockte mit der Taschenlampe innen hinter der Tür und blinkte dreimal lang und später zweimal kurz, wenn die Luft wieder rein war. Hold mußte die Stämme halten und Lindes nagelte die Sprossen fest, das heißt, er hat ein zusammengelegtes Paar Strümpfe auf den Nagel gehalten und mit dem Hammer auf den Strumpf gehauen. Ein prima Schalldämpfer, hat er gesagt. Die Strümpfe waren von Hold, und Lindes meinte, die kann er ja hinterher wieder anziehen. Das war gelogen, sie hatten mehr Löcher als ein Emmentaler, aber jetzt hatten sie wirklich eine schöne Leiter.

15.

Der Floh hat Europa zweimal vor dem Bolschewismus gerettet, meint er. Zum Beispiel hat er einmal zwei Russen mit einer einzigen Panzerfaust ausgeschaltet, dazu hat er eine Skizze an die Tafel gemacht. Ein Russe saß hinter dem einen Schneehaufen und der andere hinter dem andern Schneehaufen. Da hat er seine Panzerfaust genommen und zwischen die beiden Russen geschleudert. Die Russen haben es nicht anders verdient, sagt er. Zum Beispiel sind sie nachts durch die deutschen Linien geschlichen, ein Messer zwischen den Zähnen. Am nächsten Morgen hat man die Kameraden gefunden, zwei

messerscharfe Stiche in der Brust. Und wer es sich merkt, kriegt eine Eins in Biologie. Der Floh ist nämlich Biologielehrer.
Der Pirschinger gibt Latein. Der ist bloß durch Warschau gelaufen. Da hat er, mir nichts dir nichts, zwei Pantoffel im Schaufenster gesehen. Da dachte er sich: »Holla, Robert, die koofste dir«. Und sieh an, sieh an, nur wenige Tage später gerät er hinter die feindliche Front, zieht sich die Filzpantoffel über und schleicht auf leisen Sohlen zurück, mitten durch die russischen Linien.
Jonas, Gassner und Hold wüßten nicht, wie es zugeht im Krieg, wenn die Lehrer nicht immer vor den Ferien vom Krieg erzählten.
Lindes weiß es auch ohne Lehrer. Er holt sich nämlich aus der Leihbücherei unten in der Stadt die dicken Schmöker über den Krieg. Und wenn er anordnet, im Regen über die Stoppelfelder zu laufen und die Wassertropfen spritzen ihnen aus den Stoppeln an den nackten Beinen hoch, sagt der Lindes nur: »Der Feind richtet sich auch nicht nach dem Wetter.«

Am Waldrand mußten sie sich aufstellen, und das ist gar nicht so einfach, weil man kerzengerade stehen muß und den Bauch einziehen. Lindes hat aus den Anoraktaschen eine Tube Uhu und drei Stückchen Zeichenpapier rausgeholt. Er hat jedem auf den rechten Ärmel der Regenhaut ein Papier geklebt und gesagt, sie sollen sich dieser Auszeichnung würdig erweisen. Und bewegen durften sie sich auch nicht, bis der Leim hart war. Jonas hat eine Mücke ins Bein gestochen und er hat sich bewegt. Da hat der Lindes gesagt: »Wer kämpfen will muß hart werden.«
Auf dem Abzeichen war in der Mitte ein roter Kreis

ausgemalt und außen rum lauter schwarze Kritzel, so ähnlich wie die Paragraphenzeichen in der Lateingrammatik. Der Kreis soll nämlich die aufgehende Sonne aus der japanischen Flagge sein und das Gekritzel ist auch japanisch, aber was es bedeutet, verrät Lindes nicht, und vielleicht ist es gar nicht japanisch, bloß gekritzelt. Wenn man Lindes fragt, warum er japanische Zeichen macht, lacht er vielsagend und meint: »Das sind die Preußen des Ostens.«

Im Gänsemarsch sind sie in den Wald hineinmarschiert bis auf eine kleine Lichtung, wo Lindes befohlen hat, ein Biwak aufzuschlagen. Zum Glück hat Jonas einen Pfadfinderkalender und da steht drin, wie man ohne Kompaß die Himmelsrichtungen bestimmt oder wie man sich eine Notunterkunft errichtet. Als Lindes weggegangen war, um Spuren zu legen, haben sie heimlich nachgeschaut und fachmännisch eine Laubhütte gebaut. Lindes kreuzte die Arme auf dem Rücken und ist dreimal drum herumgegangen, um sie zu begutachten. »Für den Anfang nicht schlecht«, hat er anerkennend genickt, »wir kommen jetzt zum Spurenlesen.« Da knackt hinter ihnen in einer umzäunten Schonung ein Zweig. Lindes wirft sich platt zu Boden und zischt: »Alle Mann in Deckung.«

Jonas soll die Schonung seitlich nach links umgehen, Gassner rechts herum, um sie in einer konzentrierten Zangenbewegung durchzukämmen, sobald Lindes zum Angriff pfeift. Hold steht auf und sagt: »Mensch, laß den Hasen laufen.« Aber Lindes reißt ihn wütend zu Boden, er hatte natürlich blitzschnell kombiniert, daß kein Hase in einer ordentlich umzäunten Schonung knackt.

Der Waldboden riecht nach Moos und verfaultem Laub und die abgefallenen Nadeln tun auf den Handflächen weh. Wenn man mit den nackten Knien die feuchten Gräser berührt, kriegt man eine Gänsehaut von der Kälte oder vom Kitzeln. Zum Glück pfeift Lindes, sie klettern über den Maschendraht und rennen in die Schonung hinein. Zweige schlagen ihnen ins Gesicht und die jungen Föhren kratzen an den Knien. Schlimmer sind die Brombeeren, die reißen die Haut auf, daß es blutet. Aber man muß hart werden für den Krieg. Man beißt die Zähne zusammen und kämpft sich bis zum gegenüberliegenden Zaun der Schonung durch, aber der Feind ist verschwunden. Lindes versteht wirklich mehr vom Krieg, er hat nicht so dumm aus der Wäsche geguckt wie sie, er ist kurzerhand über den Zaun zurückgehechtet und zwischen den Bäumen verschwunden. Erst haben sie nichts gehört und dann haben sie ihn keuchen hören und er hat kommandiert: »Vorwärts Bürschchen!« Da hat er Schwabbel vor sich hergeschoben und hat ihn von hinten am Hosenträger festgehalten.

Lindes sagte: »Ein Spion.« Für solche Fälle hat er immer ein Stück Schnur in der Tasche. Sie haben dem Schwabbel die Hände auf den Rücken gedreht und ihn an einen Baum gefesselt, das heißt Gassner und Jonas haben ihn gehalten, und Lindes hat ihn gefesselt, weil man dazu besondere Knoten beherrschen muß, und die werden sie erst beim nächsten Manöver lernen.

Lindes weiß auch, wie man einen Gefangenen verhört. Er stellt sich vor Schwabbel hin und blickt ihm finster in die Augen. »Gestehe, daß du spionierst.« Schwabbel starrt ihn ängstlich an, dann schaut er zu Boden, aber er sagt: »Man wird ja wohl noch im Wald herumlaufen dürfen.« Daran erkennt Lindes, daß er ihn erst weichkochen muß. »Du redest, wenn du gefragt wirst, verstanden.«

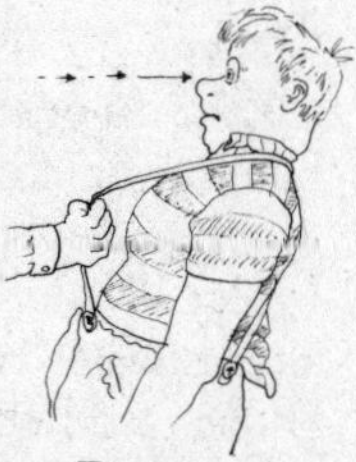

Deswegen geht er zwei Schritte vor dem Gefangenen

schweigend auf und ab. Plötzlich dreht er sich um und schreit: »Für wen spionierst du?« Und er packt ihn an der Brust und schüttelt ihn. Aber der Gefangene bleibt auch jetzt noch verstockt, und Lindes muß eine schärfere Gangart einlegen. Er bückt sich, um zwei lange Gräser aus dem Waldboden zu rupfen. Er streift die Samenähren zwischen den Fingern ab und hält sie Hold und Gassner hin. »Ins Haar drehen«, befiehlt er.

Wenn man einen Grashalm abstreift und einem anderen ins Haar dreht, zieht das fürchterlich. Und noch schlimmer zieht es, wenn man auch noch am Grashalm reißt, und das machen Hold und Gassner, weil es Lindes für ein geeignetes Mittel hält, den Gefangenen zum Sprechen zu bringen.

Und siehe da, plötzlich kann der Gefangene reden: »Aua, ich will doch bloß bei euch mitmachen.«

Lindes blickt ihn mitleidig an, denn er durchschaut die Absicht. Offensichtlich haben ihn die Auftraggeber als U-Boot vorgesehen. Er muß die Zusammenhänge vollständig ans Licht bringen.

»Woher weißt du von der Übung?«

Wieder schweigt der Gefangene verstockt.

»Zieht!«

»Aua, ich hab Licht gesehen und euch gehört.«

»Wo?«

»Durch die Ritzen vom alten Keller.«

»Aha, du gestehst, daß du uns nachspionierst.«

Schwabbel kommen die Tränen: »Ich will doch bloß mitmachen bei euch.«

»Kommt nicht in die Tüte«, stellt Lindes fest, und er fährt sich mit der Hand über die Schmalzlocke. Plötzlich rennt er los und hechtet wie ein Depp über den Zaun der Schonung.

Erst dachten sie, er hat schon wieder einen Feind aufgespürt, und sie haben gewartet. Aber als er so lange nicht gekommen ist, haben sie nach ihm gesucht.

Mitten in der Schonung haben sie ihn gefunden. Beim Durchkämmen der Lichtung hatte er sein Handspiegelchen verloren. Er hockte im Moos und weinte.

16.

Der Lindemann ist einer, bei dem man nie genau weiß. Am hellichten Sonntagnachmittag, wenn die Sonne runterbrennt und alle draußen spielen, schleppt er einen in den Nebenraum vom Studiersaal. Früher war das ein Aufenthaltsraum, aber dann gab es zu viele Schüler, und sie haben Pulte reingestellt, und es gehört zum Studiersaal. Ganz hinten ist ein Stück abgetrennt, da wohnt der Dreher, der ist Hilfspräfekt und ganz in Ordnung. Aber bei dem Wetter ist er auch nicht auf seiner Bude.
»Ich werde ein Experiment durchführen«, sagt Lindes. Man muß sich auf einen Stuhl hocken, mit dem Rücken zum Fenster, und er selbst hockt einem gegenüber, vielleicht in zwei Meter Abstand, aber verkehrt herum, die Stuhllehne hat er vorm Bauch. Er zieht einen Drehbleistift aus der Jackentasche und fragt:
»Was ist das?«
»Das ist meiner«, sagt Jonas und will ihm den Drehbleistift wegnehmen. Das ist nämlich der, den er vom amerikanischen Pelzmärtel gekriegt hat, den muß ihm der Lindes aus dem Pult geklaut haben.
»Unsinn, du kriegst ihn wieder. Bleib sitzen und blicke auf diese Spitze, unverwandt und ohne mit der Wimper zu zucken!«
»Das blendet aber.«
Lindes kneift die Augen halb zu, und fängt an zu reden. Und wie der daherredet, mit einer Stimme, als würde er gleich einschlafen.

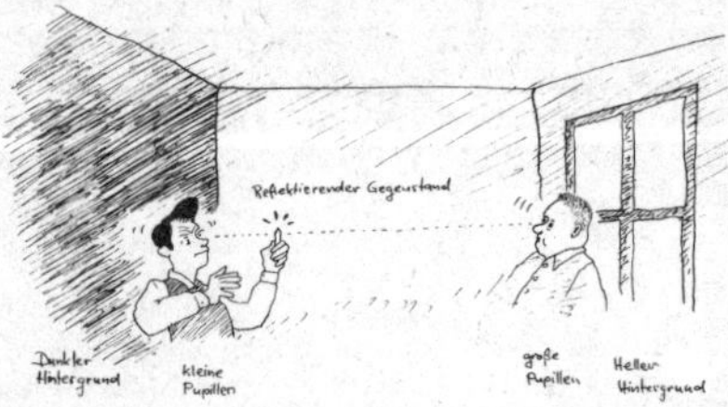

»Du stehst in einer fremden Stadt. Du weißt nicht, was dich in diese Stadt verschlagen hat, du weißt nur, du hast diese Stadt noch nie in deinem Leben vorher gesehen. Du bist mutterseelenallein. Langsam gehst du die Straße hinunter. Deine Füße scheinen aus Blei zu sein, du mußt alle Kraft aufwenden, sie vom Boden zu heben, und wenn du sie aufs Pflaster setzt, klingt das Echo deiner Schritte hohl durch die Gasse.«

Hold steht auf und geht zur Tür. Lindes blickt ihn wütend an und deutet mit seiner freien Hand auf den Platz neben Schwabbel. Hold streckt ihm die Zunge raus und setzt sich wieder hin.

»Also, du läufst schwerfällig die Straße hinunter. Rechts und links verlaufen entlang der Straße hohe dunkle Mauern. Menschen kommen dir entgegen, aber sobald sie dich erblicken, starren sie dich entsetzt an. Sie stoßen schrille unverständliche Laute aus und rennen in panischer Angst davon. Diese Schreie klingen dir in den Ohren wie das Kreischen von Urwaldvögeln.«

Was der sich wieder alles ausgedacht hat. Hoffentlich ist er bald fertig mit dem Schmarren. Aber Lindes hat noch ganz andere Sachen auf Lager.

»Du spürst, wie deine Füße allmählich immer schwerer werden. Du hast das Gefühl, als wären sie vollständig aus Blei, du vermagst kaum mehr ein Bein vom Erdboden zu heben. Erschrocken blickst du an dir hinunter und erblickst eine Lache aus Blut, die träge die Straße hinabfließt. Du möchtest dich umsehen, doch du wagst es nicht mehr, ein unnennbares Grauen hat dich im Rücken erfaßt. Mit letzter Kraftanstrengung versuchst du schneller zu gehen, du versuchst das Blut zu überholen, doch nun läuft auch das Blut schneller, es läuft immer einige Schritte vor deinen Füßen her. Mit dem Mut der Verzweiflung rennst du los, da schießt das Blut vor dir her. Du hörst ein eintöniges dumpfes Rauschen, das anschwillt, je schneller du läufst. Du nimmst deine letzten Kraftreserven zusammen, das Rauschen hinter den Mauern wird zu einem unerträglichen Dröhnen, deine Lungen keuchen, du taumelst. Vergeblich suchst du dich auf den Beinen zu halten, du beginnst zu fallen. Du hast furchtbare Angst, auf das Pflaster aufzuschlagen, doch plötzlich spürst du, daß du weiter fällst, immer tiefer und tiefer, in eine unerklärlich warme und weiche Masse. Es ist dir, als würden dich zwei riesenhafte Arme auffangen, du sinkst und sinkst und fällst in einen tiefen, tiefen Schlaf«.

Lindes steckt den Drehbleistift weg und beobachtet Jonas lauernd durch die Augenschlitze.

»Muß ich immer noch auf die Spitze schauen?« fragt Jonas. Er hat Kopfweh von dem Glotzen und dem Gequatsche. »Schwaches Medium«, sagt Lindes, und jetzt muß sich Schwabbel auf den Stuhl setzen und der ganze Quatsch fängt wieder von vorne an. Jetzt sogar noch toller, jetzt fliegt er auch noch auf Flügeln durch die Straße, das heißt, er breitet die Arme aus und wünscht sich, daß er fliegen könnte, und plötzlich fliegt er wirklich. So ein Quark.

Vielleicht kommt es von dieser Geschichte mit dem Fliegen, oder weil es mit Schwabbel leichter zu machen ist, jedenfalls am Ende von dem ganzen Sermon fallen Schwabbel die Augen zu und sein Kopf sackt nach vorne auf die Brust, als wär er eingeschlafen. Lindes ist plötzlich ganz aufgeregt.

»Kammhuber«, sagt er, »aufstehen.«

Da steht Schwabbel auf. Aber er steht so komisch, ein bißchen wacklig und mit halb geschlossenen Augen.

»Steig auf das Pult«, befiehlt Lindes und Schwabbel klettert auf ein Pult.

»Mach einen Handstand auf dem Pult.«

Das macht der nie, der ist doch eine Flasche in Sport, das schafft der nicht einmal am Boden. Aber Schwabbel stützt die Arme auf den Pultdeckel und stößt sich mit den Füßen ab. Das kann nicht wahr sein. Seine Füße rudern hilflos in der Luft, er kommt nicht richtig hoch und gleich krachen sie auf das Pult runter. Er ist eben eine Flasche in Sport, aber daß er sich das traut.

»Er befindet sich in Trance«, erklärt Lindes stolz, aber Jonas, Gassner und Hold begreifen überhaupt nichts mehr.

Als einige Schüler aus der Fünften in den Raum kamen, sagte Lindes: »Wir gehen in den Schlafsaal.«

Schwabbel drückte sich einen Schritt hinter ihm durch die Flügeltür auf den Gang.

Im Schlafsaal muß sich Schwabbel vor einen Spiegel stellen.

»Hau dem Kerl eine runter«, sagt Lindes und zeigt auf sein Spiegelbild. Schwabbel blickt böse auf sich selbst, holt aus und gibt dem Spiegel eine Watschen. Ein Glück, daß er auf dem glatten Spiegelglas ausrutscht, seine Hand fegt über das Glasbrettchen unter dem Spiegel und Zahnputzbecher, Zahnbürsten, ein Gläschen Odol und alles fliegt scheppernd ins Waschbecken. Da müssen sie alle laut lachen und sogar Lindes lacht mit.

Aber nebendran wohnt Herrle und der ist zu Haus. Der Aufenthalt im Schlafsaal ist untertags verboten, er reißt die Flügeltüren auf und dröhnt:

»Sticht euch der Hafer, Kerle? Ab durch die Mitte oder es raucht. Schämt ihr euch nicht, euch im Haus rumzudrücken bei dem Prachtwetter?«

Alle drei schauten auf Lindes. Der setzte sich gemächlich in Bewegung und schlenderte auf den Gang, Schwabbel immer dicht hinter ihm her.

»Legt den Schnellgang ein oder ich mach euch Beine«, schimpfte Herrle, aber er war gut gelaunt heute, und lachte dabei.

Auf dem ersten Treppenabsatz stützt sich Lindes lässig auf die Balustrade und schaut nach oben, wo der Herrle über den Gang zu seiner Bude geht.
»Kammhuber« flüstert er leise, »bring mir seine Krawatte.«
Und schon schießt Schwabbel die Treppe hoch und hinter Herrle her, der sich umdreht, als er die Schritte hört. Mit einem zielsicheren Griff langt er dem Präfekten zwischen die Rockaufschläge und reißt an der Krawatte. Herrle wird krebsrot, das wird er immer nur, wenn er sich fürchterlich ärgert, und dann gibts ein Donnerwetter, das sich gewaschen hat. Jonas zieht den Kopf ein und hält sich den Mund zu vor Schrecken.
Aber Herrle ist sprachlos. Er versucht einen Ton rauszubringen, doch der Mund bleibt ihm offen. Er versucht noch einmal, man sieht es am Zucken der Kiefer, aber er bringt ehrlich keinen Ton raus. Stattdessen schlägt er zu. Dazu schreit er sonst immer, daß die Wände wackeln, aber heute schlägt er einfach zu. Zwei-, dreimal, seine gefürchteten Rückhandwatschen. Schwabbels Schädel baumelt zwischen den Watschen hin und her, aber er läßt die Krawatte nicht los. Er reißt jetzt sogar mit beiden Händen dran, der Knoten geht auf, Schwabbel stürzt die Treppe runter und schwenkt die Krawatte. Sie ist weinrot mit einem Schottenmuster drauf.
»Ins Hauptquartier«, zischt Lindes, und bis sich der Herrle gefangen hat und »Stehengeblieben!« durchs Treppenhaus dröhnt, ist die Bande schon unten im Hauseingang verschwunden.
»Na wartet, Brüder, euch werde ich mir kaufen«, keuchte Herrle und stapfte auf seine Bude zurück.

17.

Was Lindes mit Schwabbel gemacht hat, und daß der bloß hypnotisiert war, das haben sie alle nicht rausgebracht. Jonas hat nämlich mit Schwabbel im Krankenzimmer gelegen und hat alles genau gesehen.
Eigentlich war Jonas gar nicht krank, aber es gibt einen Trick, davon muß man grausam kotzen, und man hat einen Abend lang Fieber, manchmal über neununddreißig. Schon am nächsten Tag hat man gar nichts mehr, aber wer Fieber hat, muß drei Tage fieberfrei das Bett hüten, da ist der Hausdrachen eisern.
Und darum liegt Jonas drei Tage lang neben Schwabbel im Krankenzimmer, und der ist auch kerngesund, nur Kopfweh hat er noch vom Hypnotisieren.
Grandl verpaßte ihm eine Ladung Tabletten. »Volles Rohr, das wär doch gelacht.«
Aber davon ging das Kopfweh nicht weg, da konnte der Grandl den Kopf schütteln, so lang er Lust hatte. Er hat eben auch nicht gespannt, daß es vom Hypnotisieren kam. Jonas hat ja auch Kopfweh gehabt wie verrückt, dabei hat es Lindes bei ihm gar nicht geschafft.
Wie sie ins Hauptquartier eingestiegen sind, hat ihn Jonas gefragt, warum Schwabbel alles tut, was er gesagt kriegt. Lindes hat wieder so getan, als hätte er die Weisheit mit dem Suppenlöffel gefressen.
»Sein Wachbewußtsein ist außer Kraft gesetzt«, und dabei hat er überlegen gelächelt.
Warum es aber dann bei ihm nicht gegangen ist, außer daß er furchtbar Kopfweh gekriegt hat, will Jonas wissen.
»Schwaches Medium«, meinte Lindes, aber was ein Medium ist, weiß Jonas erst recht nicht, und fragen traute er sich nicht mehr.
So ist das immer mit dem Lindemann, erst denkt man Wunder was, und am Ende kommt man ihm doch auf die

Schliche. Das mit dem Hypnotisieren hat er aus einem Heftchen gehabt, das heißt, er nennt es eine Broschüre, und auf dem Deckel stand in roten Buchstaben ›Die Kunst der Menschenführung‹. Das hat er seinem Vater aus der Studierstube geklaut. Sein Vater ist nämlich Oberkirchenrat, und Lindes sagt, dafür braucht man Kenntnisse in der Menschenführung.
Dazu gehört auch das Hypnotisieren und deshalb steht es in dem Heftchen mit drin, ein extra Kapitel mit Fotos, wie man es macht, nämlich genauso wie Lindes es gemacht hat, bloß was er dazu gequatscht hat, hat er sich selbst ausgedacht.
Im Hauptquartier hat er noch immer so getan, aber in Wirklichkeit hat Lindes Schiß gekriegt. Erst ist er hin- und hergerannt, und wenn einer geklappert hat, hat er geschrien: »Schnauze, ich muß nachdenken.«
Dann hat er sich dreimal hintereinander vor Schwabbel aufgebaut. Er hat ihm in die Augen geschaut und heiser geflüstert:
»Kamerad Kammhuber, du benimmst dich beim Abendessen völlig unauffällig, mit einem Wort, als wäre nichts geschehen«.
»Jawohl«, hat Schwabbel gesagt.
»Wie benimmst du dich?«
»Unauffällig, mit einem Wort, als wäre nichts geschehen.«
Beim Abendessen haben sie alle gedacht, daß es ein Donnerwetter gibt.
Vor dem Eßsaal zischte Lindes noch:
»Ausschwärmen, verteilen.«
Da sind sie getrennt und versteckt zwischen den andern reingerannt, Schwabbel auch, und wenn man nichts gewußt hätte, wär einem nichts aufgefallen, außer daß er blöde rumgestiert hat, aber das machen andere auch. Daß er sich in Trance befindet, hat keiner gesehen, und es hat ja auch keiner gewußt, was eine Trance ist.

Herrle hockt schon auf seinem Platz und tut, als wär alles in Butter, und er hat eine andere Krawatte an, eine blaukarierte. Erst beim Rausgehen schiebt er sich vor Schwabbel und packt ihn am Wickel:
»Ich denke, wir haben noch ein Wörtchen miteinander zu reden«. Schwabbel verdreht die Augen nach Lindes, daß man nur noch das Weiße vom Auge sieht, das schaut zum Fürchten aus und Jonas hat davon eine Gänsehaut gekriegt.
»Tu ihm den Gefallen«, sagt Lindes und rennt achselzukkend weg.
Was der Herrle dann mit Schwabbel gemacht hat, das weiß keiner, aber daß er nichts kapiert hat, das wissen sie. Gassner sagt, er hat durchs Schlüsselloch gelinst und da hat der Herrle gerade gefragt, wo die Krawatte ist und wie er überhaupt auf so einen Blödsinn kommt. Und Gassner sagt auch, daß der Herrle ganz leise geredet hat und er ihn nicht mehr verstanden hat, wo er doch sonst gleich brüllt, daß die Scheiben wackeln. Er hat ihm ein paar Rückhandwatschen gegeben und Schwabbel hat nicht geschrien, nicht einmal geheult hat er, sagt der Gassner, obwohl sein Kopf hin- und hergetorkelt ist zwischen den Watschen. Beim Rausgehen hat der Gassner nicht einmal die Spur einer Träne auf seiner Backe gesehen.
Der Gassner kam auf den Abort gerannt und hat geflüstert: »Sie bringen ihn ins Krankenzimmer«.
»Alle Mann vortreten«, zischte Lindes und ist aus der Kabine rausgeschossen, und Jonas ist auch aus seiner Kabine gekommen, und Lindes sagte: »Wir setzen einen Spion an«, und Jonas sollte der Spion sein. Und deswegen hat Jonas das Nasse von seiner Seife abgekratzt und mit Zahnpasta und Wasser verrührt. Das hat er getrunken, das ist der Trick. Nach einer halben Stunde kriegte er Bauchweh und hat grausam kotzen müssen und wie der Hausdrachen das Fieber mißt, hat er 38 und acht. Zwei

Tage später haben sie eine lateinische Arbeit geschrieben und er war krank. Da war er froh.
Aber auf dem Krankenzimmer war es langweilig.
Schwabbel hat immer nur dagelegen und die Augen verdreht, wenn man ihn etwas gefragt hat. Am Abend ist der Grandl noch einmal gekommen, hat ihn angeschaut und gebrummt: »Man könnte grad meinen, er hat den Teufel im Leib«.
Seine Tabletten haben auch nichts genutzt. Und dann ist spät in der Nacht noch der Dekan gekommen und hat sich an Schwabbels Bett gesetzt und Jonas hat so getan, als ob er schläft. Der Dekan hat einen Psalm gesprochen und dann hat er noch ein Kreuz geschlagen, das hat auch nichts genutzt. Da ist er wieder gegangen, und der Grandl hat gelacht, wie er es gehört hat, und hat den Hausdrachen ein Mordstrumm Rindvieh genannt, weil sie den Dekan holte in einer Angelegenheit, wo ein Psalm grad soviel wirkt wie ein leiser Furz.
Aufgewacht aus der Trance ist Schwabbel erst am nächsten Tag in der Früh, als Lindes zwischen Frühstück und Andacht kurz ins Krankenzimmer geschlichen ist und ihn an der Schulter gepackt hat: »Kammhuber aufwachen.« Das hat genutzt, Schwabbel war wach und hat wieder was gesagt, wenn man ihn gefragt hat, und es war nicht mehr so langweilig.
Am Mittag kam der Grandl und meinte: »Ja, da schau her, jetzt wirkt die Ladung.«
Und der Hausdrachen hat den Herrn Dekan antelefoniert, daß offenbar der Bann gebrochen ist. Und was der Lindes mit Schwabbel gemacht hatte, das haben sie alle nicht rausgekriegt.

18.

Es ist gar nicht so leicht, sich im Dunkeln wachzuhalten. Punkt neun wird das Licht gelöscht, dazu macht der Präfekt vom Dienst einen Rundgang durch den Schlafsaal, scheucht die Trödler und Nachzügler von den Waschbecken und sagt: »Gute Nacht!« Und dann fangen auch schon die ersten an, im Schlaf zu schnaufen. Wenn man noch nicht einschlafen will, kann man sich eine Geschichte ausdenken, und wenn sie zu Ende ist, vielleicht noch eine. Aber dann kann es über dem Ausdenken leicht passieren, daß man einschläft und es nicht merkt. Zum Glück hat es der Gassner gemerkt, hat Jonas geschüttelt, und hat gezischt: »Du roselst ja, du Flasche.«
Da schlug es auch vom Glockentürmchen schon zehn Uhr, das war das Zeichen. Sie sind aus dem Bett geschlüpft, und haben die Schlafanzugjacke ausgezogen. Darunter hatten sie lange Hosen und Pullover an. Zwei Schatten huschten geduckt durch die Bettreihen und verschwanden hinter den Waschbecken. Durch die Schlafsaalfenster kam ein wenig blasses Licht, aber man konnte nicht erkennen, ob es von der Straßenbeleuchtung kam oder der Mond schien.
Auf einer Seite gehen die Schlafsaalfenster auf die Altane. Sie ist mit Blech beschlagen und wenn man drauftritt, knarzt es leise, so ähnlich, als ob einer im Schlaf stöhnt. Allerdings nur mit nackten Sohlen, mit Schuhen knarrt es lauter und die Ledersohlen scharren auf dem Blech.
Das Blech ist in langen Bahnen auf die Altane genagelt und an den Rändern ist es nach oben gebogen und durch einen Wulst mit dem nächsten Blechstreifen verbunden, dazwischen kann das Wasser ablaufen. Wenn man auf die Wülste tritt, tut das weh, aber bloß mit nackten Sohlen, mit Schuhen kann man ruhig drauftreten.
Sie packten ihre Kopfkissen und schlichen zum Fenster. Den Fensterflügel konnte man mit den Ballen der Hand

geräuschlos aufdrücken, weil sie sich ein Fenster ausgesucht hatten, das nicht knarzt, und Specko hatte beim Bettgang übersehen, daß es nur angelehnt war. Kaum hatten sie das Fenster offen, brummte der Siebert: »Nein, bitte nicht«, und den Rest konnte man nicht verstehen. Da sind sie furchtbar erschrocken. Gassner preßte sich gegen den Boden, Jonas duckte sich hinter das Fußteil des Bettes und sie lauschten. Das Herz pochte ihnen bis zum Hals, das tut es ja immer in solchen Augenblicken. Dann merkten sie, daß es gar nichts zum Erschrecken gab. Es gibt viele, die im Schlaf reden. Der Siebert wälzte sich im Bett rum und schnarchte weiter. Sie huschten durch den Fensterflügel und drückten ihn von außen vorsichtig wieder zu.

Heimlich aus dem Schlafsaal abzuhauen, ist nicht einfach, aber heimlich in einen anderen Schlafsaal einzusteigen, ist viel schwerer, vor allem wenn der Mond so hell leuchtet, daß man als langer Schatten in den gegenüberliegenden Schlafsaal fällt, wenn man aufrecht über die Altane läuft. Sie mußten deshalb auf dem Bauch hinüberrobben, und dabei störten die Blechwülste noch viel mehr als beim Laufen, und es ist ganz wurscht, ob man barfuß rüberschleicht oder mit Schuhen.

Sie waren zu viert; außer Jonas und Gassner noch Strekker und Hold. Hold war der erste, der beim Schlafsaal ankam, aber das war kein Kunststück, er muß schon vor ihnen auf die Altane geschlüpft sein, und außerdem ist er halb geduckt drübergelaufen, anstatt zu robben. Die anderen robbten, wie sie es besprochen hatten, geräuschlos und auf dem Bauch, indem sie ihre Kopfkissen auf den Blechwulst legten und sich drüberzogen.

Schließlich lagen sie vor dem Schlafsaal der Dritten, drückten sich auf ihre Kissen und starrten angespannt hinein. Jetzt war es ein Glück, daß der Mond schien und von außen mattes Licht in den Schlafsaal fiel. Vorsichtig prüften sie, ob es Lindes geschafft hatte, alle Fenster-

schlösser aufzudrehen. Drei Fenster waren offen, das reichte, und sie warteten wieder.
Nur Strecker, der am weitesten außen lag, konnte die Schlafsaaltür einsehen, und er zischte plötzlich: »Er kommt.« Jonas lag am weitesten innen und konnte nicht hören, was Strecker sagte, deswegen wiederholte Gassner flüsternd, daß er kommt. Dann konnte auch Jonas sehen, wie eine weißgekleidete Gestalt in den Schlafsaal trat.
Sie hatte gelblich flackernde Augen und einen böse grinsenden Mund. Sogar Jonas erschrak im ersten Moment. Einem, der gerade durch einen unheimlichen Schrei aus dem Schlaf gerissen wird, muß es bei diesem Anblick durch alle Glieder fahren. Und dieser Schrei sollte jeden Augenblick erfolgen.
Aber der Schrei erfolgte nicht. Das Gespenst wedelte einmal, zweimal mit den Armen, dann sanken sie nach unten und man hörte es sogar durch die angelehnten Fenster leise heulen.
»Er schreit nicht, die Flasche«, zischte Gassner.
Da sagte Strecker: »Los, auf sie mit Geheul.«
Sie faßten ihre Kissen, heulten wie Indianer auf dem Kriegspfad, drückten die Fensterflügel auf und stürzten mit den Kissen um sich schlagend in den Schlafsaal.
Später behauptete Schwabbel, er hätte wirklich geschrien, sogar ganz furchtbar und man hat es draußen vielleicht nicht richtig gehört. Aber das sagte er nur, weil er trotzdem in die Bande aufgenommen werden wollte. Wenn sie sogar durch die Fenster gehört haben, wie er vor Angst schlotterte, wie können sie da seinen furchtbaren Schrei überhört haben?
Hold meinte, man kann ihn doch trotzdem aufnehmen, man muß es vielleicht nicht so genau nehmen. Da lachte Lindes nur überlegen, einen Versager wird er nie in ihren Reihen dulden, denn eine Kette ist schließlich nur so fest wie das schwächste ihrer Glieder.

Dabei haben Gassner, Jonas oder Hold auch keine Mutprobe abgelegt. Aber Lindes mußte in diesem Punkt unerbittlich bleiben. Wer in eine Bande aufgenommen werden will, muß eine Mutprobe ablegen. Wenn sie selber keine Probe ablegen mußten, ist das grundsätzlich was anderes. Wer eine Bande gründet, braucht natürlich keine Probe abzulegen.

Die Stimme aus Amerika

19.

Zum Frühstück gibt es im Kasten Brot und Margarine, aber die Margarine stinkt. Man kann sie nur essen, wenn man sie ganz dünn schmiert und schmiert dann dick Marmelade oben drauf. Die Marmelade muß man sich von zu Hause schicken lassen, und wenn man Glück hat, schicken sie einem auch Margarine, die nicht stinkt. Die Margarine drückt man in eine Plastikdose mit einem Schraubverschluß, und auf den Deckel klebt man ein Abziehbildchen, erstens weil es schön aussieht, und außerdem erkennt man daran seine Dose. Bei Marmeladengläsern ist das schwieriger. Auf Glas halten Abziehbilder nicht, aber man kann seinen Namen auf das Etikett schreiben, auf dem steht, was für eine Marmelade im Glas ist.
Unten in der Eingangshalle steht vor den Flügeltüren zum Eßsaal ein alter Eichenschrank, und immer krabbeln ein paar Ameisen daran herum. Sie sollen gefälligst aufpassen und nicht ständig ihre Marmeladengläser verschmieren, sagt der Hausdrachen. Sie läßt den Boden unter dem Schrank stets besonders sorgfältig aufwischen, aber gegen die Ameisen ist anscheinend kein Kraut gewachsen. Daß Ameisen auf dem Schrank herumkrabbeln, macht ja

nichts, aber sie krabbeln auch innen auf dem Packpapier herum. Das macht ja eigentlich auch nichts, nur manchmal beißen sie einen beim Reinlangen und es juckt eine Zeit lang.
In dem Schrank hat jede Klasse ein Fach, die Batzen das unterste und jede höhere Klasse ein Fach drüber. Alle zwei Wochen muß einer aus der Klasse das Fach blitzblank wischen und neues Packpapier einlegen, und der Hausdrachen schaut zu, daß sie es ordentlich machen. Aber am nächsten Tag klebt es wieder fast genauso.
Natürlich kann es auch einmal vorkommen, daß die Marmeladengläser verwechselt werden, und manchmal nimmt einer mit Absicht ein anderes Glas, weil ihm seine eigene Marmelade nicht schmeckt. Wenn zwei Batzen zu Herrle kommen und heulen, weil ihre Marmelade verschwunden ist, lacht Herrle nur.
Aber wenn schon seit Tagen laufend Marmelade verschwindet und die älteren halten sich dafür bei den jüngeren schadlos und es gibt jeden Morgen beim Scheppern eine Keilerei, weil jeder als erster an den Schrank kommen möchte, dann muß doch durchgegriffen werden. Deswegen stellten sich Herrle und Specko vor dem Schrank auf und kontrollierten, daß jeder nur sein eigenes Glas nimmt. Und siehe da, es blieben fünf ohne, und behaupteten dennoch steif und fest, sie hätten erst neulich welche von zu Hause gekriegt, soll er doch bei ihren Eltern anrufen. Herrle schüttelte den Kopf und fluchte leise vor sich hin.
Am nächsten Morgen redete der Gredl in der Andacht über das siebte Gebot. Und beim Beten sagt er: »Herr erleuchte du die verirrten Schafe, daß sie bereuen und heimfinden zu deiner Herde.«
Diesmal fehlen acht Gläser, aber die fünf, die gestern fehlten, sind wieder da. Und alle fünf behaupten, es ist mehr drin gewesen, da hat einer was rausgefressen.

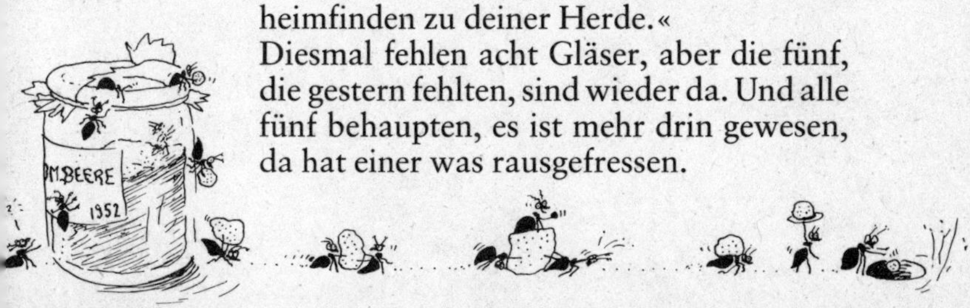

Der dicke Fleischer schimpft, er wird sich beschweren, und dann werden sie schon sehen. Zwei Batzen heulen. Der Herrle sagt nur, das hätten sie sich selbst zuzuschreiben, wenn sie einen Schweinehund in ihren Reihen duldeten. Aber an der Stimme merkte man, daß er sich ärgerte. Mitten im Frühstück tauchte Sioux im Eßsaal auf und ging zum Präfektentisch. Der Rektor klingelte, weil die Küchenschwester etwas zu sagen hatte, was alle betrifft. Die Sioux kann nicht so gut reden. Sie fingerte erst an ihrer Schwesternhaube rum und dann sagte sie, in den letzten Tagen sind mindestens vier Laib Brot aus der Küche geklaut worden. Also sie hat ja schon Verständnis dafür, daß junge Menschen Hunger haben, und wer zwischen den Mahlzeiten zu ihr kommt, dem hat sie noch immer zusätzlich ein Stück Brot zugesteckt. Aber die Sioux sagte auch, sie muß eben dafür sorgen, daß jeder zu seinem Recht kommt, und mehr als die Eltern bezahlen, kann sie eben auch nicht auf den Tisch zaubern. Und ab jetzt kann sie kein Brot mehr zwischendurch abgeben.

Das ist gemein. Denn wenn man sich Brot holt und zieht sich weiße Futterrüben aus dem Feld hinter dem Studienheim, die fast wie Rettiche ausschauen, das schmeckt.

Aber der Rektor klingelte wieder und sagte scharf, es gibt überhaupt keinen Grund, sich zu beschweren. In Rußland haben sie jahrelang hungern müssen, aber Leute, die versuchten, Kameraden zu bestehlen, haben bei ihnen nichts zu lachen gehabt.

Vom nächsten Morgen an hing vor dem Schrank ein schweres Vorhängeschloß und zum Frühstück gab es nur noch zwei Stück trockenes Brot für jeden.

20.

Sie wollten es ja alle nicht glauben, aber war ist wirklich ein Gespenst. Zum ersten Mal hat es an einem Sonntagabend geredet, ungefähr eine halbe Stunde nach dem Bettgang. Es war ein Besuchstag und die meisten aus der Klasse sind erst um zehn vor acht mit dem letzten Zug zurückgekommen, und viele haben schon geschlafen, als es anfing zu reden.

»Achtung, Achtung! Hier spricht die Stimme Amerikas. Kratzt euch den Dreck aus den Ohren, schneuzt euch in die Bettücher und hört, was euch der Kaiser von Amerika verkündet.«

Zuerst haben sie nicht einmal selber geglaubt, daß es ein Gespenst ist.

»Mensch, halt die Gosche«, hat der Strecker geschrien. Er ist der Stärkste in der Klasse, und wenn er schreit, dann macht keiner mehr einen Muckser. Aber das Gespenst war nicht aus der Klasse.

»Was muß ich vernehmen? Du wagst es, mir dazwischen zu quatschen, du windiges Würstchen? Klapp den Kinnladen zu, kneif den Arsch zusammen oder ich zerquetsche dich mit dem kleinen Fingernagel, du aufgeblasene Laus.«

Der Strecker ist wütend aus dem Bett gesprungen und hat mit seiner Stabtaschenlampe durch den Schlafsaal gefuchtelt, die hat sechs Batterien und leuchtet vierhundert Meter weit, und er hat gezischt:

»Im Dunkeln traust du dich wohl, Feigling. Komm her!«

Aber seine Stimme hat schon gezittert, weil er Schiß gekriegt hat. Er hat nur noch gesagt:

»Noch einmal, wenn du das Maul aufmachst.«

Dann hat er sich wieder hingelegt. Und als es wieder anfing, hat er gar nichts mehr gesagt, er hat sich sogar die Decke über den Kopf gezogen, Jonas hat es genau gesehen, der liegt nur zwei Betten weiter.

Das Gespenst hat aber nur gelacht: »Streckerchen, Strekkerchen, du gestattest, daß ich kichere.«
Bloß einmal hat es sich vertan, das war an einem ganz anderen Tag, aber auch im Schlafsaal, und der Gassner hat nach dem Lichtausmachen gesagt:
»Achtung, Achtung! Hier spricht die Stimme Amerikas. Wer sich die Popel aus der Nase kratzt und frißt sie, den wird nimmermehr hungern.«
»Mensch, spinnst du?« hat Jonas gezischt und gleich darauf kam auch schon das Gespenst und hat furchtbar gelacht: »Haha, welcher Wurm erdreistet sich? Merkelchen, Merkelchen, reiß dich am Riemen!«
Und da sind sie alle beide unter die Bettdecke geschlüpft vor Schreck. Das war das einzige Mal, daß sich das Gespenst geirrt hat.
Lindes muß ja immer alles besser wissen und behauptet: »Ausgeschlossen, Gespenster gibt es nicht.«
Aber er war nie im Schlafsaal, wenn es geredet hat.
Als Kretzi zum Beispiel anfing zu greinen und aufgestanden ist und gesagt hat, er holt jetzt Herrle und rannte im Finstern gegen die Waschbecken, daß es schepperte, da sagte das Gespenst:
»Na schön, laßt den Waschlappen laufen. Das Muttersöhnchen flennt nach der Hebamme. Ihr aber tut, was ich euch nunmehr verkünde: Tragt eure Socken so lange, bis sie stinken wie verschimmelter Camembert! Und wenn dieses Herrlein es wagen sollte, an euren Füßen zu schnuppern, dann sollt ihr sie ihm um die Ohren schlagen, bis es daran jämmerlich erstickt.«
Und da reißt der Herrle auch schon die Tür auf und brüllt: »Verflixt und zugenäht, was zwickt euch Lausebengels, mitten in der Nacht herumzukrakeelen.«
Und schon hat der Kretzi, der immer noch vorn am Waschbecken steht, eine Watsche kassiert.
Herrle hält die Arme auf dem Rücken verschränkt und wandert durch die Bettreihen. Vor dem Strecker bleibt er

stehen und reißt ihm die Bettdecke weg. Der blinzelt ihn unschuldig an und tut, als hätte er geschlafen wie ein Ratz.
»Mensch, mach nur kein Theater«, knurrt Herrle. »Du warst doch bestimmt mit von der Partie«.
»Was? Wie? Nein ehrlich nicht.«
Herrle schmeißt ihm die Bettdecke über den Kopf und dreht sich um, ohne was zu sagen. Erst am Ausgang hat er gesagt: »Noch einen Muckser, Jungs, und es setzt ein Donnerwetter. Schreibt euch das hinter die Löffel!« Er hat das Licht ausgemacht und die Tür zugezogen. Und danach hat das Gespenst nichts mehr gesagt. Am nächsten Morgen waren sich alle in der Klasse sicher, daß es ein Gespenst sein muß. Nur der Siebert meint, sie spinnen doch alle. Aber was weiß denn der? Der hat alles verschlafen und hat es gar nicht gehört.

21.

Es gibt erst wieder Marmelade aus dem Schrank vor dem Eßsaal, wenn derjenige oder diejenigen sich freiwillig beim Rektor melden, und in diesem Fall würde er sogar von einer Bestrafung absehen in Anbetracht der besonderen Umstände. Oder wenn sie den- oder dieselben namhaft machen und der gerechten Strafe zuführen, sollen sie doch selbst zusehen, daß sie ihn ausfindig machen, sagt der Rektor.
Der Fuchs aus der Dritten hat nach dem Essen gesagt, es ist gar keiner von ihnen, weil es eine von den Küchenmädchen ist, nämlich die dicke, die immer so gemein lacht.
»Nein«, sagte Gassner, »der spinnt. Wetten, daß es die aus dem Dorf sind.«
Beim letzten Stadtgang wollten ihn zwei aus dem Dorf

verdreschen und Jonas haben sie auch in der Kirche mit einer Sicherheitsnadel in den Hintern gestochen. Sie sind hinter ihm gesessen, und zwischen der Sitzbank und dem Brett im Rücken ist ein Spalt, da haben sie durchgestochen, mitten in der Predigt, wo man sich nicht zu schreien traut. Wer so was macht, klaut auch Marmelade.
Lindes ist hundertfünfzigprozentig überzeugt, daß es der Schwabbel ist. Weil sie den Schlappschwanz nicht in die Bande aufgenommen haben, schleckt er ihnen heimlich die Marmelade weg, sieht ihm ähnlich. Ein Glück, daß er ein Menschenkenner ist, solch miese Charaktere riecht er doch auf fünf Kilometer Entfernung noch durch die Wand durch.
Witzbold, wie kann der Schwabbel Marmelade fressen, wenn er zu Hause im Bett liegt? Er ist nämlich am Sonntag heimgefahren und gar nicht zurückgekommen und am Montag kam ein Brief, er hat einen grippalen Infekt und muß wohl einige Tage das Bett hüten.
Aber bis der Lindes einmal zugibt, daß er daneben tappt, da kannst du schwarz werden.
In der Studierzeit hat sich der Strecker gemeldet und hat zum Herrle gesagt, er weiß, was es war. Es redet nämlich auch mitten in der Nacht, und er kann schwören, daß keiner aus der Klasse geredet hat, er hat doch mit seiner Stablampe rumgeleuchtet. Sowas klaut bestimmt auch Marmelade, und vielleicht nicht zum Essen, aber um sie zu ärgern, denn es ist ein Gespenst.
Wenn der Herrle die Stirne zusammenzieht, gibt es ein Donnerwetter, aber jetzt hat er sie zusammengezogen und hat gelacht. Ob er einen Sonnenstich hat, hat er ihn gefragt, und er soll sich auf seine vier Buchstaben setzen und Latein machen. Da hat der Strecker auch gelacht und hat sich hingesetzt. Aber er hat Recht gehabt und das haben sie erst viel später gemerkt.

Die Präfekten hatten sich was ganz Schlaues ausgedacht,

damit sie den Marmeladenschlecker erwischen, aber sie haben ihn nicht erwischt.

Als die Studierzeit aus war, haben sie gesagt, alle hierbleiben, Pultkontrolle. Alle müssen die Pultdeckel aufklappen und die Schränkchen unten drunter und sich davor aufstellen, bis der Präfekt vorbeikommt. Und sie haben alles durchgewühlt wie noch nie.

Daß sie den Scherer erwischt haben, geschieht ihm recht. Wie kann man bloß einen Band Tom Prox aus der Leihbücherei unten in der Stadt in den Umschlag der lateinischen Grammatik binden? Sieht doch ein Blinder im Finstern, daß ein Tom-Prox-Band dreimal so dick ist wie die Grammatik und außerdem kleiner. Scherer kriegt zehn Strafpunkte, weil Schundliteratur den Charakter verdirbt, und außerdem die nächste Woche Stadtausgang gestrichen.

Aber Gassner haben sie auch erwischt. Er hatte ein Mikky-Maus-Heft in den Heftumschlag für Deutsch reingelegt und das sieht man nicht. Und außerdem suchen sie doch eigentlich Marmelade, und wie soll man die in einem Heftumschlag verstecken? Aber sie drehen heute jedes Blatt um und das Micky-Maus-Heftchen zerreißt der Specko, damit es alle sehen, weil solche Hefte Bildiotie hervorrufen. Dabei gehört es eigentlich dem Hold und der Jonas hat es auch noch nicht gelesen.

Bei Mecki hat der Gredl eine große runde Blechdose gefunden. Essensachen im Pult zu verwahren ist verboten. Er denkt sich, er hat den Übeltäter am Wickel, und Mecki soll die Dose aufmachen. Mecki sagt nein. Und wie der Gredl selber aufmacht, sagt er: »Vorsicht, es sind Tiere drin, die fliegen raus.«

Auf so eine faule Ausrede fliegt Gredl nicht rein und macht sie trotzdem auf. Aber es waren wirklich Tiere drin, nämlich Käfer und keine Marmelade, und sie sind rausgeflogen und im Studiersaal herumgebrummt.
Da schimpft Gredl, er soll seine verdammten Käfer wieder in die Schachtel packen, aber Mecki sagt, er hat ihn gewarnt.
Mecki kriegt 20 Punkte, erstens weil Käfer nicht ins Pult gehören und zweitens wegen Ungehörigkeit.
Es ist gemein, wenn man auf den Lokus muß und darf nicht. Aber Specko hat zu Jonas gesagt, kommt gar nicht in die Tüte, er soll warten, bis er dran war.
Jonas schmeißt alle Schulbücher ins obere Fach vom Schränkchen, aber Specko langt dahinter und langt in was Weiches. Saustall, schimpft Specko und reißt alle Bücher raus, daß sie auf den Boden krachen und er langt nochmal hinein, da langt er drei faule Äpfel heraus, die schmeißt er Jonas ins Gesicht.
Jonas fragt, ob er jetzt auf den Lokus darf, er hält es nicht mehr aus. Er soll sich gefälligst das Gesicht abwischen, und schleunigst zurückkommen, sagt Specko, die Studierzeit ist noch längst nicht aus.
Wie er aber wieder zurück will in den Studiersaal, rennen alle raus und die Treppe rauf. Jonas hockt sich wieder an sein Pult, weil die Studierzeit noch längst nicht aus ist, aber er hockt ganz allein im Studiersaal, und da hat er auch keine Lust zu studieren. Er holt sich die Fetzen von dem zerrissenen Micky-Maus-Heft und legt es wieder zusammen. Vielleicht schafft er es, und sie können es doch noch lesen. Bis auf einmal der Gredl durch den Studiersaal ferst und schimpft, ob sich der Herr vielleicht auch an seinen Spind bequemen möchte, aber ein bißchen plötzlich.
Aber Herr Präfekt Speckmann hat doch gesagt, die Studierzeit ist noch längst nicht zu Ende, stottert Jonas. Und jetzt kapiert er, wie schlau sie es sich ausgedacht haben.

Sie machen nämlich gleich nach der Pultkontrolle eine Spindkontrolle, damit keiner die Marmelade wegräumen kann, und er erschrickt.
Die Spinde stehen oben im Gang vor den Schlafsälen und in dem Durchgang, der auf die Altane rausführt, und jeder hat ein Vorhängeschloß an seinem Spind. Im Spind von Jonas schaut es wieder aus wie Kraut und Rüben. Herrle kippt ein Fach nach dem andern auf den Boden, und zwischen den Unterhosen fliegen zwei alte Brotrinden heraus.
Herrle hebt die Brotrinden mit zwei Fingern auf und schnuppert dran, aber die sind schon ganz verschimmelt und stinken.
»Da sieh mal einer an«, knurrt er, »blickt kaum über den Tisch und führt uns alle an der Nase rum.«
Das Brot ist gar nicht aus dem Kasten, das hat er neulich von zu Hause mitgekriegt für den Zug. Aber Herrle hat ihn schon am Kragen und schleift ihn zum Rektor. Endlich ist er dem Bruder auf die Schliche gekommen, man solls nicht für möglich halten, stille Wasser gründen tief.
Dem Rektor traut sich Jonas zu sagen, daß das Brot doch gar nicht aus dem Kasten ist. Der Rektor und Herrle gehen mit ihm in die Küche runter und halten der Sioux die Brotrinde unter die Nase. Und Sioux sagt, das ist verschimmelt.
Das sehen sie selber, knurrt Herrle, aber ob es aus dem Kasten ist, nämlich von dem Brot, das aus der Küche entwendet wurde. Ja, Gott, wie soll sie denn das wissen? Sie kratzt am Schimmel rum und schaut den Jonas an und kratzt wieder am Schimmel rum und sagt, das ist nie im Leben das Brot, das sie im Kasten haben. Da lassen sie Jonas laufen.
Sie haben sich so angestellt und den Marmeladenschlekker haben sie doch nicht gefunden. Aber nach dem Abendessen, gleich nachdem der Rektor das Tischgebet gesprochen hatte und bevor der Krach richtig losgegan-

gen ist mit Hinsetzen und Stühleknarzen, hat plötzlich das Gespenst geredet. Und das Gespenst hat gesagt: »Achtung, Achtung! Hier spricht die Stimme Amerikas. Weh über euch Narren, daß ihr Marmeladenschlecker in Spinden und Pulten sucht. Wahrlich, ich sage euch, es ist der Deckel, der heimlich und hinterrücks den Rüssel in eure Gläser hängt, und wer es nicht glaubt, der soll an einem kalten Furz elendiglich verrecken.«

22.

Warum redet das Gespenst im Schlafsaal oder im Studiersaal oder im Eßsaal, aber nicht in der Wichspartei oder auf dem Abort. Auf dem Abort hocken ja immer nur einer oder zwei, und vielleicht stinkt es dem Gespenst auch zu arg. Aber in der Wichspartei sind zum Beispiel vor der Andacht fast alle da, und im Betsaal redet es auch nicht. Ob es in der Bude vom Herrle redet oder beim Specko oder in der Dienstwohnung des Rektors, das weiß man nicht, denn die verraten es nicht. Vielleicht redet es sogar im Studierzimmer vom Dekanat und sagt dem Deckel, er soll nicht immer in den Marmeladengläsern rumschlecken, das glaubt zum Beispiel der Gassner, aber er lacht dabei.
Schon am nächsten Tag ist der Deckel in den Kasten gekommen und hat die Andacht gehalten und danach hat er im Eßsaal gesagt, es sind alles dumme Reden. Und wie er sich hinsetzt und mit dem Rektor frühstückt und sich ein Marmeladenbrot schmiert, sagt das Gespenst:
»Wehe über die Pharisäer und Heuchler, die da trocken Brot predigen und doch schlecken sie Honig in ihrem stillen Kämmerlein.«
Da ist der Deckel erst rot geworden und dann kreidebleich. Er ist aufgestanden und weggegangen.

Fleischer sagt, daß er beim Rektor war, weil sie ins Kino gehen wollen, ob er es erlaubt. Er hat angeklopft und hat was reden hören, da ist er reingestiefelt, weil er gedacht hat, der Rektor hat ›herein‹ gerufen. Aber er hat vergessen, auf das rote Licht zu schauen, das außen am Gang neben dem Rektorat angebracht ist, und wo »BITTE WARTEN« aufleuchtet, wenn man nicht reinstiefeln soll.

Er hätte es auch gar nicht sehen können, weil die erste Tür schon aufstand, das ist die, die nach innen mit Schaumgummi und Plastik verkleidet ist, damit sie den Schall schluckt. Wenn sie zu ist, kann man auf dem Gang rumschreien, und der Rektor kann trotzdem in Ruhe arbeiten. Aber wenn sie auf ist, verdeckt sie das rote Licht.

Nach innen ist eine zweite Tür angebracht, die ist nicht verkleidet. Wenn man davor steht und die erste Tür steht offen, kann man hören, was drinnen geredet wird, nicht ganz genau jedes Wort, aber ziemlich viel, vor allem wenn der Rektor ins Telefon brüllt, weil ihn der am anderen Ende der Leitung nicht richtig versteht.

Der Fleischer hat gar nicht vor der Tür gelauscht, er ist einfach reingestiefelt und der Rektor hat den Telefonhörer auf den Tisch gelegt und gebrüllt, ob ihn der Hafer sticht, und er soll machen, daß er das Weite sucht. Der Fleischer hatte aber schon gehört, daß er wegen dem Gespenst telefoniert, und jetzt hat er zwischen den Türen gelauscht. Der Rektor hat ins Telefon gefragt, ob denn eventuell sogar die Möglichkeit bestünde, daß einer unter den Schülern mit dem Bauch redet. Denn er kann sich des Eindrucks nicht erwehren, daß es sich um eine Art Bauchreden handelt, wegen des tiefen Tonfalls und weil es irgendwie hohl klingt. Und ob die Möglichkeit besteht, diese Hypothese zu überprüfen. Und wenn sich der Fleischer nicht irrt, hat der am anderen Ende der Leitung gesagt, dazu muß man die betreffende Stimme erst einmal reden hören.

Obwohl er es jetzt mit eigenen Ohren gehört hat, glaubt Lindes noch immer nicht an das Gespenst. Er sagt, es geht nicht mit rechten Dingen zu, aber er wird der Sache auf den Grund gehen.
Seitdem rennt er nur noch mit einem Metermaß herum und mißt alle Wände aus und zeichnet Pläne. Wenn man ihn fragt, grinst er und sagt, das ist nichts für grüne Jungen und beizeiten wird er seine Ergebnisse mitteilen.
Und seit gestern steht ein Mikrofon im Schlafsaal auf der Kachelwand mit den Waschbecken und eine Leitung geht durch die Flügeltür und ins Zimmer von Herrle. Nach dem Bettgang hat Gassner nur so zum Spaß gesagt: »Achtung, Achtung, hier spricht die Stimme Amerikas«, da kam auch schon Herrle in den Saal geferst und brüllte: »Gassner, halt die Klappe oder es raucht!«
Und Hold, der im Knabenchor mitsingt, hat genau gesehen, daß das Tondrahtaufnahmegerät aus dem Musikraum verschwunden ist. Das ist ein Mordskasten und der steht sonst immer hinter dem Flügel auf einem Schränkchen, und wehe wenn einer dranstößt. Er muß nämlich schütterungsfrei gelagert werden, weil der Tondraht so leicht reißt.
»Spannt ihr was?«
Aber sie sind komplett auf der Leitung gestanden und Hold hat ihnen erklärt:
»Sie wollen das Gespenst aufnehmen, damit es der am anderen Ende der Telefonleitung auch hören kann.«
Gassner sagte, diese Suppe soll man ihnen versalzen, und sie sind in den Schlafsaal geschlichen und haben so laut geflüstert, wie sie konnten:
»Hallo, Stimme Amerikas, hörst du?«
Und das haben sie so lange geflüstert, bis sie geantwortet hat:
»Redet, meine Kinder, ich höre euch.«
Und sie haben gesagt, daß sie wahrscheinlich die Stimme aufnehmen wollen, und daß ein Mikrofon im Schlafsaal

steht. Seitdem hat das Gespenst nie mehr im Schlafsaal geredet und der Herrle war lackiert.
Dafür hat es am nächsten Tag während der Studierzeit geredet: »Herrle, Herrle

mieses Kerle
möchtest mich zur Strecke bringen
soll auf deinen Kasten singen
Doch tu ich dir nicht den Gefallen
kannst selbst auf die Maschine lallen.«

Der Herrle ist rausgerannt, aber bis er auf seinem Zimmer war, hat das Gespenst keinen Ton mehr gesagt.

Lindes hat mehr rausgebracht als die Präfekten, aber alles hat er auch nicht rausgebracht. Er hat zum Beispiel rausgebracht, daß es im Kasten insgesamt zwei Luftschächte gibt und die laufen an der Vorderfront des Gebäudes hoch, der eine durch einen Schlafsaal, einen Studiersaal bis in den Eßsaal, der andere durch den zweiten Schlafsaal, den zweiten Studiersaal bis in den Aufenthaltsraum im Erdgeschoß, und in diesen Sälen sind überall Gitter am Schacht angebracht, damit die schlechte Luft abziehen kann. Sie sind ganz oben fast an der Decke angebracht. Man bemerkt sie kaum, wenn man nicht danach sucht. Die Luftschächte hat Lindes in seinen Plan eingezeichnet.
Aber wo lenken die Luftschächte die schlechte Luft hin? Erst ist er mit einem Feldstecher auf die Goethelinde geklettert und hat das Dach des Kastens abgesucht, aber da stehen nur Schornsteine außer dem Glockentürmchen, das genau über der Altane auf dem Dachfirst hockt.
Darum hat er sich mit seinem Plan auf den Dachboden geschlichen. Die Bodentür ist immer abgesperrt, allerdings bloß mit einem einfachen Schloß. Aus einem rostigen Nagel hat er versucht, einen Dietrich zurechtzubiegen, aber der hat nicht aufgesperrt. Dann hat er alle Schlüssel ausprobiert, die er finden konnte, Jonas und

Gassner mußten ihm auch ihre Schlüssel ausleihen. Dann hat er noch einmal einen Dietrich zurechtgebogen, nämlich aus einem dicken Stück Draht, und der hat aufgesperrt. Hinter sich hat er wieder zugesperrt und er hat keinen mit auf den Boden genommen, weil es ein Einbruch ist und das ist kein Kinderspiel, und es reicht, daß er sich gefährdet.
Wenn man ihm glauben kann, dann steht der Dachboden voller Gerümpel, vor allem ein Haufen alter Pulte und verrostete Bettgestelle. Und dann stehen da auch noch ein paar große Kisten. Er sagte, in den Kisten ist nichts drin von Bedeutung, aber das ist bestimmt gelogen, weil in alten Kisten, die auf einem Dachboden stehen, immer spannende Sachen drin sind, wahrscheinlich will er sie nur für sich behalten.
In diesem Durcheinander konnte er sich lange nicht zurechtfinden, zumal der Boden nur durch wenige Dachluken schwach erleuchtet wird. Aber mit Hilfe seines Planes konnte er sich schließlich doch orientieren und hat die Luftschächte ausfindig gemacht. Die Luftschächte sind nämlich noch circa einen guten Meter über den Fußboden hochgezogen und enden kurz unter der Dachschräge. Das erklärt, daß sich auf dem Dach keinerlei Rohre oder Dachreiter ausmachen lassen.
Auf den Stutzen der Schächte ist dann waagerecht ein Maschendrahtgeflecht eingelassen, offensichtlich, damit von oben kein Dreck oder Gerümpel in den Schacht fällt und ihn verstopft.

Aber er sagte auch, es staubt, wohin man nur tritt. Wieso gehen dann die Luftschächte in den Dachboden, wenn es da überall nur staubt? Dann wäre das ja keine Belüftung, sondern eher eine Bestäubung. Aber

darauf wußte er auch keine Antwort, und deswegen sagte er nur: »Unsinn!«
Und dann hat er noch rausgebracht, daß man durch die Luftschächte alles hört, was in den Stockwerken drunter gesagt wird, das heißt nur dort, wo die Schächte durchgehen, also aus dem Eßsaal, den Studiersälen und Schlafsälen. Und das stimmt.
Jonas und Hold haben nämlich im Schlafsaal heimlich unter den Betten gelegen, und haben Mensch-ärgere-dich-nicht gespielt. Dabei haben sie auch über Lindes geredet und daß ihnen das mit den Manövern stinkt und überhaupt. Das hat Lindes wortwörtlich gewußt und er war sauer, weil er es durch die Schächte gehört hat.

23.

Sogar das Kuratorium hat getagt wegen dem Gespenst, das war an dem Wochenende, an dem Lindes nach Haus gefahren ist und sie haben ihm den Dietrich geklaut und haben alles rausgebracht. Aber verraten haben sie nichts, und das Kuratorium ist das ganze Wochenende lang im Dunkeln getappt.
Holds Vater ist auch im Kuratorium, da vertritt er die Elternschaft und der hat ihm später gesagt, daß sich der Deckel am meisten aufgeregt hat. Es sind unhaltbare Zu-

stände eingerissen und das in einem christlichen Haus und man muß sich schämen. Und wenn nicht bald Ordnung und Ruhe einkehrt, dann sieht er sich gezwungen, Konsequenzen zu ziehen, und er tritt zurück.
Der Rektor hat erklärt, die Sache ist ihm schlicht ein Rätsel, sie haben getan, was sie konnten, und sie haben bereits überlegt, was sie noch tun können. Sie können das Haus auf den Kopf stellen vom Erdgeschoß bis unters Dach, und wenn das nichts nutzt, dann sind sie auch mit ihrem Latein am Ende, aber restlos. Und sie haben beschlossen, das Haus am Dienstag auf den Kopf zu stellen, und zwar nach dem Schulgang, und wenn sie bis Mittag nicht fertig sind, dann sollen die Schüler unten in der Stadt in einem Gasthaussaal verköstigt werden, und der Gredl soll sich mit dem Wirt deshalb in Verbindung setzen.
Aber sie stellten dann doch das Haus nicht auf den Kopf, denn am Montag kam der Brief.

Lindes hatte aber noch mehr herausgebracht, und das hatte er ihnen erst später verraten, der Feigling. Wie er nämlich auf dem Dachboden mit seiner Taschenlampe herumleuchtete, entdeckte er Spuren im Staub, zum Beispiel den Abdruck einer Hand auf einem Kistendeckel. Er dachte erst, daß er selber hingelangt hatte und es ist die Spur von seiner Hand. Dann erblickte er in der Kniekehle des Gebälks eine weitere Hand und dort hatte er nicht hingelangt, hundertfünfzigprozentig nicht. Er kombinierte, sowas sagt er immer, wenn er angeben will, und er legte seine Hand drauf, aber sie war viel größer. Da war sein Spürsinn erwacht und er suchte den Dachboden Zentimeter für Zentimeter ab. Dabei stieß er noch dreimal auf den Abdruck dieser Hand, er erkannte sie an dem auffallend kurzen Daumen wieder, zweimal der rechten und einmal der linken Hand. Hätte er nur ein Polizeilabor zur Verfügung gehabt, er hätte das Geheimnis der

Stimme Amerikas in Null Komma Nichts entschleiert, ganz einfach, indem jeder seinen Fingerabdruck hergeben muß, dann wird verglichen und der Spuk wäre zu Ende. Aber er hatte kein Polizeilabor.
Außerdem entdeckte er auch ganze Reihen von Fußspuren, seiner Beobachtung nach eindeutig Schlappen, circa Größe 36. Sie laufen in etwa von der Mitte des Dachbodens auf die beiden Luftschächte zu, aber niemals zurück. Eine andere Reihe Spuren läuft ebenfalls von der Mitte zur Bodentür gleichfalls nur in einer Richtung. Was nun die einseitige Ausrichtung der Spuren betrifft, handelt es sich mit an Sicherheit grenzender Wahrscheinlichkeit um bewußte Täuschung durch das Gespenst, indem es ganz einfach auf dem Rückweg rückwärts geht. Darauf fällt jemand, der mit einigem Spürsinn begabt ist, nicht herein. Weshalb allerdings die Spuren in der Mitte des Dachbodens zusammenlaufen und sich dort im Nichts auflösen, darauf konnte sich auch Lindes keinen Reim machen, aber dem würde er auch noch auf die Schliche kommen. Und vielleicht wäre er dem Gespenst wirklich auf die Schliche gekommen, wenn ihm Jonas nicht vorher den Dietrich geklaut hätte und wenn am Montag nicht auch noch der Brief gekommen wäre.
Lindes hat nämlich seine Jacke vor dem Studiersaal an der Garderobe hängen lassen und ist nach Hause zu seinen Eltern gefahren, und dazu hat er seinen Anzug angezogen. Jonas wollte bloß nachschauen, ob der Kugelschreiber in der Jackentasche ist, den er Lindes geliehen hatte. Den Kugelschreiber hat er nicht gefunden, aber den Dietrich. Hold war auch nach Hause gefahren, aber Gassner war im Kasten und am Sonntagnachmittag waren alle Präfekten in der Sitzung des Kuratoriums. Da sind sie auf den Dachboden geschlichen.
Ein Schloß mit einem Dietrich aufmachen, ist nicht einfach, vor allem wenn man es noch nie gemacht hat und man Schiß hat, daß man erwischt wird. Sie dachten

schon, es ist der falsche Dietrich oder der Lindes hat wieder nur angegeben; dann ist das Schloß doch aufgegangen. Sie haben einfach nach dem Gespenst gerufen, es ist rausgekommen und sie haben mit ihm geredet. Aber verraten haben sie nichts.

24.

Sioux hat es doch mit eigenen Ohren gehört, Kretzi hat es in der Wichspartei herumgeschrien und sie wollte nur auf den Abort. Und es ist eine unglaubliche Verunglimpfung, nicht nur ihrer Person, sondern ihres Standes.

Kretzi sagt, er hat es auch nur vom Opa gehört, und hat sich nichts dabei gedacht. Und Opa sagt, das Gespenst hat es gesagt, er selber weiß auch nicht, ob was dran ist oder nicht, aber wenn es das Gespenst sagt, ist es ja vielleicht auch nicht ganz aus der Luft gegriffen. Er sollte auch angeben, wann und wo es das Gespenst gesagt hat und wer es noch gehört hat. Aber er will es ganz allein gehört haben, nämlich im Studiersaal beim Stadtausgang und da war er allein an seinem Pult gesessen, und vielleicht wollte das Gespenst eine so heikle Sache nicht an die große Glocke hängen und nur ihm allein sagen. Vielleicht hat er es sich aber auch nur selber ausgedacht, denn sowas sieht ihm gleich. Aber natürlich ist er nicht so dumm und sagt es, wenn die Sioux hinter ihm steht, nur Kretzi ist so dumm. Und jetzt besteht die Sioux drauf, daß er sich öffentlich entschuldigt und sein Vater muß in den Kasten kommen und verhandelt einen Tag mit Herrle, dem Rektor und der Sioux.

Der Vater findet die ganze Affäre lächerlich, der Junge weiß doch kaum, wovon er redet, sie hätten ihm ein paar schmieren sollen und Schwamm drüber. Aber Sioux ist das ganz wurscht, sie besteht darauf, es muß in aller Form geschehen. Und deswegen sagt Kretzi beim Silentium, daß es nicht stimmt, daß die Sioux mit dem Herrle poussiert. Und er kann kaum reden, weil ihm die Tränen runterlaufen. Damit ist die Sache aus der Welt geschafft.

Aber die Präfekten haben den Vorfall besprochen, und der Rektor wünscht, daß vorbeugend etwas zur Aufklärung der Schüler getan wird. Darum haben sie Gredl beauftragt, die Schüler aufzuklären, weil das als Seelsorger in seinen Bereich fällt.

Bei der Aufklärung sitzt man in einem Zimmerchen neben dem Rektorat, in dem steht ein niedriges Tischchen in der Mitte und an der Wand entlang stehen gepolsterte Stühle mit einem hellblauen Bezug. In diesem Zimmerchen tagt immer das Kuratorium und an der Wand hängt ein Gemälde, das zeigt einen Hirsch im Wald. Gegenüber über der Tür hängt ein Kreuz. Zu Beginn der Aufklärung spricht Gredl ein Gebet, und dann holt er ein Heft aus der Aktentasche, in dem steht die Aufklärung drin. Darf man zum Beispiel seine Braut schon vor der Hochzeit küssen? Der das Heft geschrieben hat, meint ja. Nämlich wenn man genau weiß, die und keine andere. Gredl meint, man muß es vielleicht nicht ganz so streng nehmen, aber Liebe ist wie ein Faß voll Wasser, und wer es tröpfchenweise verschüttet, der steht am Ende vor dem leeren Gefäß, wenn er den größten Durst hat. Und überhaupt, das Wichtigste von allem ist die richtige sittliche Einstellung, und alles übrige stellt sich dann schon von selbst ein.

Am Ende der Aufklärung wird dann noch ein Gebet gesprochen und man kann wieder spielen gehen.

25.

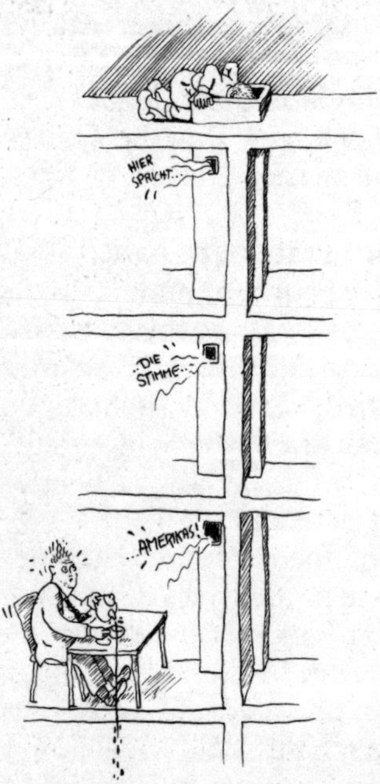

Warum schreiben seine Eltern einen Brief, wenn er zu Hause wegen eines grippalen Infekts das Bett hütet? Sie haben bei den Eltern angerufen, wie es dem Jungen denn geht und ob er bald zurückkommt. Da fielen die Eltern aus allen Wolken, und die Präfekten auch. Der Junge ist doch am Besuchssonntag schon zurückgefahren, sogar einen Zug früher, weil er noch für eine Mathearbeit lernen mußte. Hoffentlich ist ihm nichts passiert und die Polizei muß umgehend eingeschaltet werden. Zum Abendessen kam ein Polizist in den Kasten und hat gesagt, falsche Kameradschaft ist hier fehl am Platze und wer was weiß, der muß es berichten, die Begleitumstände deuten auf ein Verbrechen. Im übrigen hat er die Zusage des Herrn Rektors, daß keinem was geschieht in diesem Zusammenhang, der freiwillig aussagt. Schwabbel hat es durch den Lüftungsschacht gehört und ist vom Dachboden runtergekommen, denn Schwabbel war das Gespenst und der Marmeladenschlecker war er auch.

Alle haben gestaunt, das hätte ihm keiner zugetraut, und sogar Opa hat ihm auf den Buckel gehauen und hat ihn von da an nie mehr geärgert. Nur Lindes hat natürlich längst Bescheid gewußt, aber er hat den Mund gehalten,

schließlich ist er kein Petzer. So ein Angeber. In Wirklichkeit hat es ihn nur gewurmt, daß er die Spuren entdeckt hat, aber das Gespenst hat er nicht entdeckt.
Und Schwabbel hat von dem Tag an nie mehr ins Bett geprunzt und er hat wieder im Schlafsaal geschlafen. Aber auf das Gespenst wäre er nie gekommen, wenn er nicht ins Bett geprunzt hätte, und nicht in der Besenkammer geschlafen hätte, unter dem Treppenaufgang zum Dachboden und mit seinem Apparat.
Dabei hat er nämlich die Tür zum Dachboden aufstehen sehen und ein Schlüsselbund baumelte am Schloß. Wie er sich raufschleicht, war aber niemand auf dem Dachboden. Da hat er geschaltet und ist nicht auf den Dachboden gegangen, er hat den Bodenschlüssel aus dem Schlüsselbund rausgedreht und hat die Tür zugesperrt. Den Schlüsselbund hat er mit einem andern Schlüssel ins Schloß gehängt, das war schlau. Wie die Wachtel nämlich zurückkommt und herumbrummt, wo sie wieder ihren Schlüsselbund gelassen hat, ja da schau her, da hängt er, und sie will zusperren. Ja sowas, es ist schon zu. Und sie steckt ihren Schlüsselbund ein und stiefelt davon.

Man muß teuflisch aufpassen, wenn man den Dachboden erforscht und es soll ein Geheimnis bleiben. Vor allem muß man eine Zeit aussuchen, wo nichts los ist im Kasten, also zum Beispiel wenn schönes Wetter ist und alle rennen raus. Oder wenn es zum Trieb scheppert und man reißt sich das Knie blutig und braucht nicht mit. Aber auch dann ist noch äußerste Wachsamkeit am Platze. Erstens muß man beim Herrle und bei Specko durchs Schlüsselloch schauen, ob sie da sind. Zweitens muß man in die Schlafsäle schauen, ob sich da nicht einer versteckt, der sich vorm Trieb drückt. Und zur Sicherheit empfiehlt es sich, noch durch die Studiersäle zu humpeln. Und erst dann kann man riskieren, durch die Bodentür zu schlüpfen und von innen abzusperren.

Viel schwerer als das Raufsteigen aber ist das Runterkommen. Inzwischen können sie nämlich vom Trieb schon zurück sein, zum Beispiel, weil es anfängt zu regnen. Oder der Gredl will mit einem ein Wort unter Männern reden. Oder sie lauern einem wieder auf, um einen zu ärgern und warten unter der Treppe. Deswegen muß man erst hinter der Tür horchen und den Schlüssel im Schloß so vorsichtig herumdrehen, wie es nur geht. Bloß das geht mit einem alten Schloß nicht, das knarzt immer und die Türangeln quietschen auch. Da hat der Schwabbel wieder geschaltet und hat ein bißchen Margarine in die Türangeln geschmiert, das Schloß hat dann noch ungefähr dreimal geknarzt und dann nicht mehr. Und ausserdem muß man auch immer mit Schlappen auf den Dachboden gehen, weil auch die Bodenbretter knarzen, sogar noch schlimmer als die Treppenstufen und die kann man nicht mit Margarine schmieren.
Aber zum Glück hat er die Luftschächte entdeckt und daß man dadurch hören kann, was im Kasten passiert. Bevor er vom Dachboden herunterstieg, konnte er immer erst horchen, ob sie schon vom Trieb zurück sind oder ob sich noch welche im Schlafsaal versteckt haben und deswegen haben sie ihn nie erwischt.
Außer einmal, da wäre er fast der Oberschwester in die Arme gerannt, weil sie gehört hatte, daß er humpelt und nicht zum Trieb gehen kann und sie wollte ihn aufsuchen. Er war schon durch die Dachbodentür und hatte sie wieder hinter sich zugezogen. Er mußte nur noch absperren, und genau in dem Augenblick schießt der Hausdrachen in den Treppenaufgang und reißt die Tür zur Besenkammer auf. Da hat er natürlich nicht mehr absperren können. Und wie sie aus der Besenkammer rauskommt und nach ihm ruft, sieht sie ihn oben auf der Treppe und vor der Dachbodenkammer hocken.
Ja, mein Gott, und wie er da hinaufkommt? Er soll lieber sein verletztes Knie schonen und hochlegen.

Schwabbel ist puterrot geworden und hat gelogen, die Großen haben ihn hochgetragen und da hingesetzt, um ihn zu ärgern. Das hat sie ihm geglaubt. Sie hat ihm unter die Arme gegriffen und er ist runtergehumpelt und hat das Bein hochlegen müssen.

Auf dem Dachboden stehen wirklich alte Pulte und große Kisten, wie der Lindes gesagt hat. Schwabbel hat die Kisten auch untersucht, und er sagt, in den meisten ist nichts besonders drin, nur ein paar alte Matratzen, und eine Kiste ist voller Blumentöpfe. Vielleicht ist deswegen die Wachtel auf den Dachboden gegangen. Aber rostige Küchentöpfe so groß, daß man darin baden kann, stehen auch oben, und Schwabbel denkt, sie haben früher damit gekocht, als sie solche Kessel noch nicht hatten, die in den Herd eingebaut sind und ausschauen wie Waschkessel. Jetzt kocht nämlich Sioux immer in solchen Kesseln.
Das Spannendste aber hat Schwabbel in einer Kiste gefunden, die ganz leer war. Als er nämlich den Kistendekkel aufmacht, entdeckt er, daß der Kistenboden morsch ist und ein Loch hat. Er sagt, zuerst hat er es gar nicht gemerkt und wollte den Deckel schon wieder zuklappen, und dabei ist seine Taschenlampe, die er in der gleichen Hand gehalten hat, mit der er den Deckel aufmachte, also der Strahl seiner Taschenlampe ist über den Kistenboden gehuscht. Er macht es jetzt immer so spannend, wenn er das erzählt, weil man erst denkt: Eine morsche Kiste, was kann da schon spannend dran sein? Und vielleicht hätte es jeder andere übersehen, aber Schwabbel hat es nicht übersehen und hat wieder geschaltet. Er beugt sich über die Kiste, reißt die morschen Bretter des Kistenbodens auseinander, und zerrt an dem eisernen Ring. Und er merkt, er kann ein Stückchen ziehen, aber nicht weit. Er reißt die übrigen Bretter des Kistenbodens weg, und zieht wieder an dem eisernen Ring. Und er kriegt ihn hoch und steht vor einer Klappe, die im Dachboden eingelassen ist.

Er leuchtet unter die Klappe, entdeckt einen Hohlraum, grade groß genug, daß er sich reinlegen und die Klappe zumachen kann. Da hat er die Idee gehabt mit dem Gespenst.
Und was er dann gemacht hat, kann man sich ja denken. Er hat eine Matratze reingelegt, und für sein ganzes Taschengeld hat er Batterien gekauft, und Bücher hat er sich geliehen zum Lesen, damit es ihm nicht langweilig wurde, wenn er gerade nicht Gespenst spielte. Einen Wecker hatte er auch dabei, damit er wußte, wann alle schlafen, und er sich runterschleichen konnte, um Brot zu klauen und Marmelade zu schlecken. Er hat zehn Tage lang in seinem Versteck Gespenst gespielt. Und wenn er nicht freiwillig runtergekommen wäre, hätte er es vielleicht noch viel länger spielen können, und sie hätten den Kasten auf den Kopf gestellt und hätten das Gespenst doch nicht entdeckt.

Enrico

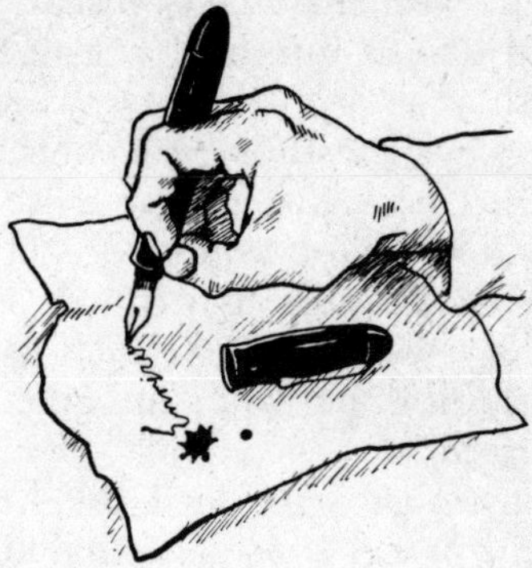

26.

Enrico heißt einfach Enrico. Der Herrle heißt Walter, aber das hätte sich keiner zu sagen getraut, nie im Leben. Der Rektor ist für einen Schüler der Herr Rektor, die Präfekten nennen ihn Herrn Holiczek und nur seine Frau ruft ihn Adalbert. Aber wenn zu Enrico einer Herr Morricone gesagt hat, hat er gelacht und gesagt: »Ich heiße Enrico.« Und den Füller hat er immer zwischen dem Zeigefinger und dem Mittelfinger gehalten und alle haben sie den Füller genauso gehalten außer dem Lindes. Mit Enrico war es schön im Kasten und jetzt haben sie ihn gefeuert.
Sie sagen, es geht nicht anders, weil er keine Zeugnisse vorlegen kann, und sie können es nicht veranworten. Enrico sagte, er hat Psychologie studiert, nämlich in Genf, und seine Zeugnisse kommen noch nach. Und es ist kein Wunder, daß es etwas dauert, sagte der Rektor, wegen der Wirrnisse der Nachkriegszeit. Aber die Zeugnisse sind nicht gekommen und sie haben ihn gefeuert.
Nach der Abendandacht hat Enrico im Betsaal eine Abschiedsrede gehalten und sie haben alle geheult. Man kann nachdenken soviel man will, aber was er zum Abschied gesagt hat, weiß keiner mehr, so arg haben sie ge-

heult. Vielleicht hat er gesagt, wie gern er im Kasten war, und daß es ihm in der Seele wehtut wegzugehen. Vielleicht hat er auch gesagt, daß er nur deswegen gehen muß, weil bestimmten Leuten seine Nasenspitze nicht gefällt. Und vielleicht hat er sie sogar aufgehetzt, wie der Deckel behauptet, und er soll gesagt haben, sowas ließe er sich nicht bieten, nämlich wenn er an ihrer Stelle wäre. Aber es ist eigentlich auch ganz wurscht, was er gesagt hat, bloß daß sie ihn gefeuert haben, das ist nicht wurscht.

Warum ist denn der Deckel nicht zur Andacht gekommen? Wo er sonst jedesmal kommt, wenn einer gefeuert wird und gibt ihm einen Psalm mit auf den Weg. Und Psalmen gibt es so viele, da hätte er auch einen für Enrico finden können. Da habt ihrs nämlich, er traut sich nicht. Logisch, sonst wäre er doch auch nicht so bleich gewesen, als sie ihn von der Bibelstunde abgeholt haben. Und diese Gemeinheit hätte er sonst bestimmt auch nicht gemacht, einfach Gas zu geben, wo sie doch alle noch um den Wirtshauseingang herumstanden. Wenn es die Großen nicht sofort geschnallt hätten, hätte er sie über den Haufen gefahren, so einen Schiß hatte er.

Zuerst haben sie auch gar nicht mit dem Deckel reden wollen, sie wollten bloß nicht ins Bett gehen, und am nächsten Tag ist Enrico weg. Das wollten sie alle nicht außer Lindes, dem war es wurscht, und deswegen sind sie nicht ins Bett gegangen, und Lindes auch nicht.

Sie sind nicht einmal aus dem Betsaal rausgegangen. Enrico ist allein rausgegangen und sie haben noch immer alle geheult. Dann haben sie sich die Tränen abgewischt und sind aufgestanden, aber wie sie sich angeschaut haben, mußten sie schon wieder heulen. Bis der Mecki geschrien hat: »Das Maß ist voll!«

Und er ist rausgerannt und hat gescheppert wie blöd und nicht mehr aufgehört zu scheppern. Und als er aufhörte,

hat er wieder geschrien: »Das Maß ist voll!«
Natürlich kam der Herrle gleich die Treppen runtergefegt und hat gebrüllt, wenn Mecki den Blödsinn nicht augenblicklich unterläßt, kriegt er ein paar hinter die Löffel, daß ihm Hören und Sehen vergehen. Und der Gredl ist aus dem Rektorat gestürzt und hat gejammert.: »Aber Kinder, nehmt doch Vernunft an!«
Inzwischen waren auch alle andern aus dem Betsaal rausgekommen und standen in der Eingangshalle herum. Und Mecki hat wieder gescheppert. Herrle schießt auf ihn los, Mecki läßt den Klöppel sausen und sagt, er soll sich schleichen, aber mit Tempo achtzig. Das hat dem Herrle noch niemand gesagt, aber das ist noch gar nichts. Herrle hat sich umgedreht, mit dem Kopf geschüttelt und ist die Treppe raufgestiegen, und das ist das achte Weltwunder, denn sowas ist bestimmt noch nie passiert, seit der Kasten steht. »Aber bitte Kinder, nehmt doch Vernunft an«, hat der Gredl wieder gejammert, aber sie sind in den ersten Stock gegangen vor die Dienstwohnung des Rektors und haben geklingelt.

27.

Die Frau Dekan hat die Tür auch bloß einen Spalt weit aufgemacht, genauso wie die Frau Rektor. Die Frau Dekan ist bleich geworden und hat gestottert, aber die Frau Rektor hat geschrien, nämlich nach ihrem Adalbert und das ist der Rektor, und sie hat die Tür zugeschmissen. Aber gleich drauf hat sie die Tür wieder aufgemacht, und hat gelacht.
Der Rektor ist rausgekommen und

wollte ihnen reinen Wein einschenken in dieser Stunde, die sie alle so sehr aufwühlt. Denn er hält Herrn Morricone für einen erfahrenen Pädagogen, damit meint er Enrico, und sonst hätte er ihn ja auch niemals in den Kasten geholt, und er hält seine Hand jederzeit für ihn ins Feuer. Leider ist es ihm aber nicht gelungen, einige entscheidende Herren im Kuratorium zu überzeugen.
»Wer war es?« fragt Mecki.
Nun, man muß verstehen, aus naheliegenden Gründen möchte er natürlich keine Namen nennen. Im übrigen ist es nun einmal so in der Demokratie, daß man sich manchmal Mehrheitsentscheidungen fügen muß, so schwer es auch fällt.
»Wir sind die Mehrheit«, sagt Mecki.
Bei allem Verständnis für die Enttäuschung, ja Trauer über den Weggang von Herrn Morricone, sollten sie langsam ans Bettgehen denken.
»Wer war es?« fragt Mecki. Der Höchling? Der Deckel?

Hinterher haben sie diese unerhörten Vorfälle im Kuratorium behandelt und der Deckel hat den Rektor beschuldigt, er hat sie doch alle nur aufgehetzt. Doch der Rektor erklärte in aller Form, daß er Öl auf die Wogen gegossen hat, um sie zu glätten.
Die Wogen haben sich aber nicht geglättet, weil sie eine solche Wut hatten. Sie sind alle zusammen über die Straße rüber, wo der Höchling eine Dienstwohnung hat, nämlich im ersten Stock. Er hat sie schon durchs Fenster kommen sehen, den ganzen Kasten. Sie sind ins Haus rein und die Treppe rauf und die ganze Treppe war voll, und vor dem Haus sind sie im Garten gestanden und sogar die Straße nach Mosbach war verstopft, daß die Autos gebremst und gehupt haben. Da hat der Höchling in die Hose geschissen und hat seiner Frau verboten, die Tür aufzumachen. Er hat auch Schiß gehabt, das Wohnzimmerfenster aufzumachen, weil da vielleicht welche mit

Obstleitern einsteigen könnten. Darum hat er durchs Abortfenster geschrien, das ist so klein, daß keiner einsteigen kann, und wenn doch, dann bloß einer und dem hätte er die Klobürste über den Schädel gehauen.
Was er mit der ganzen Sache überhaupt zu tun hat, hat er durchs Abortfenster geschrien. Sie sollen sich an den Herrn Dekan wenden, der ist schließlich als Vorsitzender des Kuratoriums verantwortlich, und er hat doch mit der ganzen Sache überhaupt nichts zu tun. Und er hat das Abortfenster zugehauen und bestimmt hat er es auch verrammelt oder einen Besenschrank davorgestellt, aus Schiß, daß doch einer ins Abortfenster einsteigt und ihm die Klobürste über den Kopf haut.
Logisch, daß der Deckel Enrico gehaßt hat, aber ein Feigling ist der Höchling trotzdem. Enrico hat den Deckel immer nur ›Herr Psalter‹ genannt. Das hat er nicht hintenrum gesagt, sondern ganz offen und hat ihn angelacht. Zum Beispiel hat er bei den Dienstgesprächen gefragt, was der ›Herr Psalter‹ gegen das Fingernägelabbeißen betet oder ob es einen Psalm gibt zum Verscheuchen von schlechten Gedanken. Er hat nämlich nur Psychologie studiert und kennt sich nicht so gut aus.

Nach den Ferien haben sie gesagt, Enrico hat gar nicht studiert und von wegen Psychologie, nicht einmal die vierte Klasse Volksschule hat er geschafft, und die auch nur in Italien, und da lernen sie sowieso nicht viel. Und er war ein notorischer Hochstapler, in fünf Ländern steckbrieflich gesucht, ein Segen, daß sie ihn entlarvt haben, ehe er Schlimmeres hätte begehen können. Sogar der Rektor mußte gestehen, daß es leider ein unverzeihlicher Fehlgriff war, und er versteht nicht, wo er seine Augen hatte.
Der Deckel hatte es diesem Menschen gleich vom ersten Augenblick an angesehen, daß er etwas Dämonisches an sich hatte, anders kann man sich das alles auch nicht er-

klären, und ein schlechtes Gewissen hatte er auch. Dieser Mensch konnte einem ja nicht gerade in die Augen sehen. Das sagte er in der Andacht. Jetzt traute er sich wieder in die Andacht, wo Enrico gefeuert war. Aber es ist gelogen, Enrico hat ihm immer in die Augen geschaut und gelacht, und der Deckel hat sich weggedreht und weggeschaut, also hat höchstens der Deckel ein schlechtes Gewissen gehabt. Wenn der Deckel nicht lügt, hat die Polizei schon lang nach Enrico gefahndet und er hieß gar nicht Enrico und nicht Morricone, und sie sollen ihn nach Frankreich ausgeliefert haben, wo er auch hochgestapelt hatte. Jetzt hat sich keiner mehr was zu sagen getraut.
Vielleicht ist das auch wurscht, ob der Psychologie studiert hat. Und es ist ganz wurscht, ob er woanders Mario oder Giuseppe geheißen hat oder Spaghetti oder sonstwie. Aber es ist nicht wurscht, daß er keine Rückhandwatschen verteilt und immer nur gelacht hat. Vielleicht hat er das gemacht, weil er nicht Präfekt studiert hat, wie der Herrle oder der Specko, und sie lernen dabei bloß Rückhandwatschen und Schreien, und lachen dürfen sie nur, wenn sie das pädagogisch verantworten können.

28.

Die Frau Dekan hat einen Knoten und sieben Töchter, die haben auch einen Knoten, wenn sie konfirmiert sind. Die jüngeren haben Zöpfe, aber nach der Konfirmation kriegen sie einen Knoten. Jonas war nämlich einmal bei ihnen eingeladen, weil sein Vater ein Bundesbruder vom Deckel ist und in der gleichen Verbindung studiert hat. Davon hat der Deckel auch einen Schmarrn an der Backe, aber den sieht man bloß, wenn er sich ärgert und rot anläuft. Die Väter von den andern, die auch eingeladen waren, waren auch Bundesbrüder vom Deckel und sie ha-

ben mit den sieben Töchtern Schnipp-Schnapp gespielt und wer gewonnen hat, hat ein Plätzchen gekriegt. Die älteste Tochter hat auf dem Klavier gespielt und ihr Knoten hat gewackelt. Dann konnten sie wieder nach Hause gehen.
Aber als der ganze Kasten zu nachtschlafener Zeit vor der Türe stand, nämlich abends gegen neun Uhr, waren die meisten Töchter bestimmt schon im Bett. Frau Dekan ist bleich geworden und hat gestottert, ihr Mann ist dienstlich auswärts. »Ja, wo denn?« fragte der Fleischer.
Frau Dekan glotzte ihn an und bestimmt überlegte sie, ob sie das verraten darf, und sie stotterte, daß er in Mosbach Bibelstunde hält, und ob es nicht auch bis morgen Zeit hat.

Der Weg nach Mosbach war das Schönste. Es war schon fast dunkel, sie sind durch den Wald gelaufen und haben nichts gesagt. Manchmal sind sie gestolpert, weil der Weg nur geschottert war, und mit solchen Schlaglöchern. Und Wind war auch und heulte in den Föhren.
Diesen Weg sind sie oft beim Trieb gelaufen und einmal auch mit dem Sperber, der nur ein paar Wochen Präfekt war und eine Flasche. Und der ist dann auch geflogen, weil ihm die Schüler auf der Nase herumtanzten. Sie haben mit Erdklumpen nach ihm geschmissen und dafür hat er drei Seiten Strafaufgabe gegeben. Sie haben ihn wieder mit Erde beschmissen, und er hat sechs Seiten Strafaufgabe gegeben. Am Schluß war er im Gesicht dreckverschmiert und sein Anzug hatte lauter Flecken. Sie hatten 36 Seiten Strafaufgabe auf und der Sperber hat geheult. Aber das war nichts gegen diesen Abend, wo sie den Weg nach Mosbach entlanggestolpert sind und kei-

ner hat was gesagt. Und wenn einer die Taschenlampe anmachte, haben sie gesagt, er soll sie wieder ausmachen.

Zur Wirtshaustür führen zwei Stufen aus Stein rauf und die Fenster von der Wirtsstube sind so hoch, daß nicht einmal Mecki reinschauen konnte. Er hat Jonas auf die Schultern genommen und der hat gesehen, daß sie noch Bibelstunde halten. Fleischer ist um das Haus geschlichen und hat ausgespäht, daß es keinen Hinterausgang gibt. Sie haben sich alle um den Wirtshauseingang herumgestellt und haben gewartet, der ganze Kasten und keiner hat was gesagt, und wenn, hat er nur geflüstert.
Wenn der Deckel Andacht hält oder wenn er sonst eine Amtshandlung begeht, trägt er seinen Lutherrock. Das ist sowas ähnliches wie ein Cutaway, aber bis oben zugeknöpft und mit einem Stehkragen. Und in diesem Lutherrock ist er durch die Wirtshaustür getreten und ist bleich geworden.

Der Deckel hat einen auffallend vorstehenden Unterkiefer, besonders wenn er einen Psalm sagt. Und als er den ganzen Kasten nach der Bibelstunde vor dem Wirtshaus in Mosbach stehen sieht, fällt ihm der Unterkiefer runter, aber er sagt keinen Psalm.

Mecki fragt ihn, warum er Enrico gefeuert hat.
Fleischer winkt Mecki, er soll das Maul halten und sagt, sie finden es nicht gerechtfertigt, Herrn Morricone zu entlassen, schließlich herrscht im Kasten eine Ordnung wie nie zuvor, und daß sich gegen seine Erziehungsmethoden nichts Stichhaltiges vorbringen läßt.
Da kriegt der Deckel den Unterkiefer wieder hoch. Er reißt die Tür von seinem VW auf, läßt den Motor an und gibt Gas. Das war die Gemeinheit.

Aber es hat ihm nichts genützt, weil es Mecki gespannt hat und Opa hat es auch gespannt und sie haben das Auto an der Stoßstange gepackt. Aber sie haben es allein nicht hochgekriegt. Bis andere auch geschaltet haben und haben mitgehoben und es hochgekriegt. Und wie der Deckel Gas gibt, drehen die Hinterräder durch. Alle haben geklatscht, und dem Deckel ist der Unterkiefer wieder runtergefallen.
Mecki reißt die Tür auf und schreit, ob er vielleicht spinnt, er hätte sie doch überfahren können. Der Deckel ist wieder ganz bleich gewesen und hat gesagt, er ist nicht bereit, sich dem Druck der Straße zu beugen, sie sollen eine Abordnung bilden und morgen Nachmittag zu ihm ins Dekanat kommen, dann will er ihnen seine Gründe erläutern.
Ob er jetzt wirklich spinnt, hat Mecki gesagt, morgen ist Enrico weg. Der Deckel erklärt sich bereit, noch heute nacht mit ihnen zu reden, und das ist ein großes Entgegenkommen. Aber nur in den gehörigen Formen, und sie sollen eine Abordnung bilden. Da hat der Opa gegrinst und sich einfach zum Deckel hinten ins Auto gesetzt. Der Fleischer hat sich auch ins Auto gesetzt und der Scherer auch. Mecki will sich auch noch reinsetzen, aber der Deckel hat geschrien: »Schluß jetzt!« und so viele Personen darf er in seinem Wagen nicht befördern, dabei wollte er bloß, daß er mit Mecki nicht reden muß.

29.

Für Enrico hätten sie sich alle in Stücke hauen lassen oder fast alle. Lindes nämlich sagte, er ist ein Schlappschwanz, für einen Kerl läßt er sich in Stücke hauen, und wenn es

sein müßte, geht er für ihn auch durchs Feuer, aber doch nicht für einen Schlappschwanz. Dabei sagte er das nur, weil Enrico nichts von der Kunst der Menschenführung versteht. Enrico müßte seine Autorität festigen, um den Jugendlichen einen sicheren Halt und der Gemeinschaft ein überschaubares Gefüge zu verleihen, dann ließe sich auch Lindes für ihn in Stücke hauen.
Das hat er im Kartoffelkeller gesagt und dem Hold ist zuerst der Kragen geplatzt. Er hat gesagt, er kann auf die blöde Bande auch verzichten und überhaupt, soll er sich doch andere suchen.
Lindes hat befohlen, den Verräter zu fassen, damit er eine gehörige Abreibung kriegt, und er hat Jonas und Gassner gebieterisch angeblickt. Was soll man machen, wenn einem Bande und Exerzieren und sowas keinen Spaß mehr macht?
Jonas hat gesagt, den Keller kann er seinetwegen behalten, obwohl sie ihn allein gefunden haben. Und Gassner hat gesagt, er ist ein Depp. Sie haben sich beide mit dem Arm geschützt, weil sie Schiß hatten.
Aber Lindes hat sie nur herablassend angeblickt und in schneidendem Tonfall verkündet, daß sie Schlappschwänze sind und das hat er von Anfang an geahnt. Überhaupt sind sie nicht wert, daß man sich mit ihnen beschäftigt. Und er hat sich umgedreht und hat geheult. Später hat er behauptet, das kommt alles bloß daher, weil Enrico Psychologie studiert hat, und er hat nur ein Heftchen gelesen über die Menschenführung, klarer Fall, daß er ihn aussticht. Aber Enrico hatte gar nicht Psychologie studiert, nur das wußte damals noch keiner.

Es gibt ein Foto von Enrico, da sind sie auf dem Trieb. Sie stehen an einer Waldböschung, und an der Böschung ist eine kleine Sandgrube. Sie stehen alle am oberen Rand der Grube, und ein paar hocken auch. Nur Enrico steht unten vor der Grube und lacht. Und den Arm hat er um

Lindes gelegt und der lacht auch, weil ihn Enrico in den Arm genommen hat.
Gassner sagt, daß das Foto immer noch bei Lindes im Spind hängt, er hat einen Stapel Unterhosen davorgeschoben, damit es keiner sieht. Aber es ist nicht sicher, ob das wahr ist, Gassner grinst immer so, und wenn er so grinst, kann es gelogen sein, aber es kann auch stimmen und er kann es nur selbst nicht recht glauben. Dann grinst er nämlich genauso.

30.

Der schrecklichste Moment im Leben vom Gredelitz war, wie er sich vor russischen Frauen nackt ausziehen mußte. Das hat er selbst gesagt, nämlich im Advent und bei Kerzenschein im Dunkeln. Er war ein begeisterter Soldat und schon mit achtzehn ist er zur Wehrmacht gegangen, doch dann war der Krieg aus, er hat nichts mehr zu tun gehabt und Theologie studiert. Aber vorher hat er den Rußlandfeldzug mitgemacht, vom ersten Tag an, bis ihn die Russen vor Moskau erwischt haben. Sie haben ihn nach Moskau gebracht, dort wurden sie in einer großen Lagerhalle zusammengepfercht und fast aufgefressen von Läusen, Wanzen und Flöhen. Am nächsten Tag kamen dann die russischen Frauen, haben ihnen die Haare ratzekahl geschoren, dann mußten sie sich alle ausziehen und duschen. Das war der schrecklichste Augenblick in seinem Leben.

Der schrecklichste Moment im Leben vom Deckel war, wie ihn der ganze Kasten nachts in Mosbach von der Bibelstunde abgeholt hat. Das hat er nicht gesagt, aber man kann es sich denken. Wenn ihn einer fragt, sagt er bestimmt, der schrecklichste Moment war die Bombe, die zu Kriegsende das Kirchendach durchschlagen hat und sie gezittert haben, ob sie detoniert. Das ist die Bombe, von der er immer an der Kirchweih predigt, weil sie durch eine unverdiente Gnade eben doch nicht detoniert ist. Dann sitzen sie alle oben auf der Empore und warten und warten, bis er endlich seine Bombe losläßt, denn an der Kirchweih predigt der Deckel immer noch länger und unter einer dreiviertel Stunde hat er da bestimmt noch nie gepredigt. Die Bombe kommt immer am Schluß und dann weiß jeder, jetzt ist es gleich aus, deswegen grinsen sie, wenn er die Bombe endlich losläßt, und keiner findet sie schrecklich. Aber daß er nachts vom ganzen Kasten von der Bibelstunde abgeholt wurde, und daß er dann Gas gegeben hat und sie fast überfahren hätte, davon predigt er bestimmt nie, und wenn er fünf Stunden predigt.

Kaum hockten der Opa und der Fleischer bei ihm im Auto, wollte er schon wieder Gas geben und hat gehupt, aber sie sind einfach stehengeblieben und er mußte bremsen. Mecki hat geschrien, sie sollen das Auto einkreisen, das haben sie auch gemacht. Der Deckel mußte in der Mitte fahren und nur im Schrittempo, und vielleicht ist er dabei wieder bleich geworden oder der Kiefer ist ihm runtergefallen, das konnte man nachts und durch die Autofenster nicht erkennen. Aber es ist langweilig, eine halbe Stunde ein Auto einzukreisen, und sie haben ihn dann doch fahren lassen. Es war auch viel schöner, wieder allein durch den Wald zurückzugehen, fast so schön wie vorher auf dem Weg nach Mosbach.

31.

Mecki sagt, Enrico hat nie gehauen, und wer das sagt, den haut er. Aber das ist nicht wahr, zum Beispiel hat er sogar Mecki gehauen, nämlich beim Trieb. Mecki hatte von hinten eine Graswurzel nach ihm geschmissen, er hat aber nicht getroffen, und die Wurzel ist vor Enrico runtergefallen. Enrico hebt sie auf, dreht sich blitzschnell um und reibt Mecki die Graswurzel ins Gesicht, daß er nach Luft schnappt und ganz verschmiert ist im Gesicht. Sie haben alle gelacht. Mecki war wütend, hat Enrico die Faust gezeigt und geschrien: »Noch einmal und es knallt.« Und es macht ihm überhaupt nichts, und wenn er zehnmal Enrico heißt. Aber Enrico ist weitergegangen und Mecki auch.

Aber später, sie waren schon fast wieder im Kasten, packt Enrico Mecki von hinten und nimmt ihn in den Schwitzkasten, daß er fuchtelt und schreit, das ist eine Gemeinheit, hinterrücks und er soll ihn loslassen, aber dalli.

Enrico hat ihn aufs Kreuz gelegt und ist weitergegangen. Mecki auf Zehenspitzen hinter ihm her, er macht den andern ein Zeichen, daß Enrico nichts merken soll und plötzlich schiebt er ihm ein Schienbein zwischen die Füße. Enrico hatte es längst gespannt, und hat sich trotzdem hinfallen lassen und hat geschrien, als ob er sich was gebrochen hätte. Und er hat so echt geschrien, daß sie alle erschrocken sind, und Mecki auch, und sie wollten schon nach dem Hausdrachen rennen, damit sie Erste Hilfe macht. Da springt Enrico auf die Beine und lacht. Aber wenn das einer Mecki erzählt, dann haut er ihn und sagt, es ist gelogen, Enrico hat nicht gehauen.

An dem Abend damals, als sie von Mosbach zurückgekommen sind, hat er deswegen sogar Lindes gehauen. Dabei hat der Lindes nur gesagt, sie sind lauter Deppen. Das hat er im Schlafsaal gesagt, wo sie auf den Betten gehockt haben und haben gewartet, und keiner wollte ins Bett gehen.

Und als Mecki ihn fragt, hat der Lindes gesagt, ein Depp ist einer, der seinen Kopf für einen Waschlappen hinhält, und Enrico ist ein Waschlappen.

Mecki sagt, das soll er noch einmal sagen.
Aber Lindes sagt, sonst wäre er doch der erste, der sich für Enrico in Stücke hauen ließe.
Mecki lacht nur und sagt: »Du Kröte.«
Lindes springt aus dem Bett und packt ihn am Pullover. Mecki hat seine Ehre angegriffen, das läßt er sich nicht gefallen und er muß es zurücknehmen.
Mecki lacht und sagt: »Du Kröte.«
Und alle sind aufgesprungen und um Mecki und Lindes rumgestanden.
Lindes duckt sich, nimmt einen Anlauf und rammt Mecki den Schädel in den Bauch, daß er mit einem Wimmern zu Boden geht. Und im Hinfliegen schlägt er mit dem Hinterkopf auf das Fußende vom Nachbarbett.
Opa kommt in den Schlafsaal geschlurcht und klatscht in die Hände. Er grinst und redet wie im Radio: »Und hiermit, meine Damen und Herren, geht der Kampf in die zweite Runde.«
Er soll das Maul halten, schimpft der Strecker. Und überhaupt soll er erzählen, was sie mit dem Deckel verhandelt haben.
»Sie quatschen noch«, hat Opa gesagt, es ist ihm zu langweilig geworden, und er grinst.
Mecki zieht sich langsam am Bettpfosten hoch und schaut Lindes an, der steht in Kampfstellung da und deckt das Gesicht mit der linken Faust.
»Kröte«, sagt Mecki und geht langsam auf ihn zu.
Lindes holt mit der rechten Faust aus und plaziert sie schmerzhaft auf Meckis Brust. Aber jetzt macht das Mecki gar nichts aus, er geht weiter auf Lindes zu, packt ihn um den Bauch. Lindes läßt ein Trommelfeuer auf Meckis Brustkasten niedergehen. Man sieht, wie Mecki die Luft anhält, aber es macht ihm nichts aus. Er schmeißt Lindes quer über das Bett, hechtet drüber und nimmt ihn in den Schwitzkasten.
Opa springt aufs Bett und zählt bis neun. Aber schon bei

fünf läßt Mecki den Lindes los. Er sagt noch einmal: »Du Kröte.« Und dann geht er aus dem Schlafsaal.
Lindes hat dann nichts mehr gesagt. Tränen sind ihm in den Augen gestanden und er ist auch rausgegangen und in seinen Schlafsaal rüber und hat sich ins Bett gelegt. Und allmählich sind sie auch müde geworden und haben geschlafen. Ein paar haben noch geredet oder gelesen und das Licht hat gebrannt bis morgens in der Früh.
Bloß der Fleischer, der hat noch bis fünf Uhr im Rektorat gehockt und hat mit dem Deckel und dem Rektor verhandelt. Und der Deckel hat auch um fünf noch gesagt, er kann es nicht mit seinem Gewissen vereinbaren, daß Enrico wieder in den Kasten kommt.
Am nächsten Morgen war Enrico weg und der Fleischer hat sie aufgeweckt und gesagt, daß die ganze Verhandlung für die Katz war, weil sich der Deckel stur stellt, und was sie jetzt machen sollen? Nach der Andacht sind sie wieder alle aufs Rektorat gegangen und haben gesagt, daß Enrico nicht weg darf. Der Rektor hat müde gelächelt. Wenn es nur nach ihm ginge, er steht auf ihrer Seite, aber er will sehen, ob sich nicht doch noch etwas machen läßt. Er wird nämlich eine Sondersitzung des Kuratoriums beantragen, die aber nun einmal leider erst während der Ferien zusammentreten kann. Und vorher ist die Sache noch überhaupt nicht gegessen.
Dann war es schon halb neun, sie wollten nicht in die Schule gehen, und sie sind doch in die Schule gegangen. Und Enrico kam nie mehr in den Kasten zurück.

32.

Nach den Ferien mußte der Rektor gestehen, daß er einen Mißgriff getan hat. Für den Deckel war Enrico sowieso nur ein Rattenfänger, und das heißt doch, den Bock zum

Gärtner zu machen und wer weiß, was er sonst noch alles getrieben hat, was das Licht des Tages scheuen muß. Und sogar die Polizei ist in den Kasten gekommen und hat einen Haufen Leute verhört.
Vielleicht, weil Enrico die Punkte abgeschafft hat? Specko hat dahinter von Anfang an ein großes Fragezeichen gesetzt, denn irgendein Ansporn muß schließlich sein und das Leben ist nun mal nicht das reine Zuckerschlecken. Dabei ist der sonst gar nicht so, bloß beim Herrle ist es kein Wunder, der ist immer so. Der konnte es pädagogisch nie verantworten und wusch seine Hände in Unschuld. Er gibt ja zu, daß er nicht Psychologie studiert hat, aber die Bengel werden keinen Finger mehr rühren, er kennt doch seine Pappenheimer. Aber er hat sich diesmal gewaltig geschnitten.
Enrico hatte nämlich nach dem Essen geklingelt und gesagt, es stinkt ihm, jeden Handstreich aufzuschreiben, und es kommt ihm schlimmer vor als in der Fabrik. Aber die Wachtel braucht nun mal Hilfe, und überhaupt, er hat auch schon mit vier auf dem Land mitgearbeitet, und oft hat die Sonne vom Himmel gestochen. Wenn die Wachtel jetzt gleich in den Eßsaal kommt, sollen sich so viele melden, wie sie braucht. Und die Wachtel ist jeden Tag nach dem Essen gekommen, und es haben sich immer genug gemeldet, oft sogar viel zu viele. Da hat sie den Kopf geschüttelt und gebrummt: »Schau bloß die Krüppel an, nicht zum Glauben ist das.« Aber der Herrle hat nichts mehr gesagt.
Erst nach den Ferien hat er gesagt, dieser Mensch hat sie

alle verführt, genauso wie Adolf Hitler das deutsche Volk, und hinterher hat man gesehen, was dabei herauskommt. Ein Glück, daß dem rechtzeitig noch ein Riegel vorgeschoben wurde. Aber sogar Lindes sagt, das ist Quatsch, unter Adolf Hitler herrschte Zucht und Ordnung, wenn er auch ein paar schlimme Fehler begangen hat, zum Beispiel hätte er Rußland erst angreifen dürfen nach dem Sieg über England. Und Gassner meint auch, der Herrle hat bloß einen Haß auf Enrico. Adolf Hitler hätte doch nie im Leben das Licht im Schlafsaal erst um zehn ausgemacht und bis dahin jeden machen lassen, wozu er Lust hatte. Und zum Trieb hätte man erst recht nicht freiwillig gehen dürfen, denn mit dem hätte doch keiner Lust gehabt mitzugehen, und wenn Enrico den Trieb machte, wollten sie immer freiwillig alle mit.
Nicht einmal von der Polizei hat man was Richtiges erfahren. Die ist während der Studierzeit gekommen, aber sie sind nicht in den Studiersaal gegangen. Sie haben sich im Konferenzzimmer eingerichtet, da haben sie ein Tischchen reingestellt und daran hockte ein Polizist und hat alles aufgeschrieben, und der war in Uniform. Der andere war im Anzug, aber auch von der Polizei, und der hat die Fragen gestellt. Und dann haben sie die Leute aus dem Studiersaal geholt und verhört; aber nicht den Mekki oder Opa oder Fleischer, dabei waren das doch die Rädelsführer, und Herrle will ein scharfes Auge auf sie haben, weil sie die andern aufgehetzt haben, und das wirft ein bezeichnendes Licht auf ihren Charakter. Aber verhört wurden sie trotzdem nicht.
Zum Beispiel haben sie den Hold verhört. Der Rektor hat auch dabeigesessen, hat ihm in die Augen geschaut und gesagt, er muß alles wahrheitsgemäß beantworten und darf vor allem nie an Enrico denken, denn das war ein schlechter Mensch und hat sogar ihn selbst schändlich betrogen. Aber wenn es ihm schwer fällt, soll er in die Ekke an der Wand reden, dann hören sie es auch und er

braucht sich nicht zu schämen. Bloß was sie ihn gefragt haben, das verrät der Hold nicht. Gassner sagt, sie haben ihm befohlen, er darf nichts verraten, kein Sterbenswörtchen und selbst den besten Freunden nicht, und dabei grinst er.
Aber Gassner spinnt. Jonas haben sie doch auch verhört und haben ihm überhaupt nichts gesagt von Nichts-Verraten und kein Sterbenswörtchen und so. Aber es stimmt, sie haben ihn auch so komisch angeschaut, und daß Enrico sogar den Rektor getäuscht hat und er soll in die Ecke reden, damit er sich nicht schämt. Jonas wollte wissen, in welche Ecke, das hat den Polizisten im Anzug geärgert, von ihm aus hätte er auch auf den Boden oder an die Dekke oder überhaupt nirgends hinschauen können. Und er hat ihn gefragt, ob sich Enrico auch an ihm vergriffen hat. Da hat der Rektor leise mit dem Kopf geschüttelt, das hat Jonas genau gesehen, er hat nämlich nicht auf den Boden geschaut oder nirgends wohin. Das heißt ein bißchen hat er schon nirgends wohin geschaut, aber er hat die Augendeckel nicht ganz zugemacht, und aus den Augenwinkeln hat er den Rektor den Kopf schütteln sehen. Da ist Jonas eingefallen, daß er Enrico einmal in der Studierzeit nach einem lateinischen Satz gefragt hat. Enrico hat den Satz angeschaut und hat was Italienisches gemurmelt, was Jonas nicht verstanden hat; dann hat er ihm plötzlich das Lateinbuch unter den Pullover geschoben und er soll schauen, daß er seine Sätze selber rausbringt. Aber nach einer halben Stunde oder vielleicht auch weniger hat Jonas wieder einen Satz nicht rausgebracht, das war ein anderer Satz, und er hat wieder Enrico gefragt. Jetzt hat er sich den Satz nicht einmal mehr angeschaut, er ist aufgestanden, ist Jonas auf den Fuß gestiegen und hat geschimpft, ob er denn nicht merkt, daß ihm die dämlichen lateinischen Sätze auf die Nerven gehen. Er soll sich gefälligst einen andern dafür suchen, und Jonas ist mitten in der Studierzeit zum Fleischer gegangen, der hat

ihm geholfen. »Na siehst du«, hat Enrico gesagt und gelacht, aber ob das Vergreifen war, wußte Jonas nicht. Da hat der im Anzug gesagt, er kann gehen und der Rektor soll den nächsten bringen, das war der Strecker. Den hat Jonas später gefragt, was er dem Polizisten gesagt hat und ob sich Enrico an ihm vergriffen hat. Der Strecker hat auch nur gegrinst, und da mußte Jonas auch grinsen.
Am Sonntagnachmittag hat er beim Gredelitz Musik gehört und durch das Schlüsselloch geschaut. Gredelitz hockte in seinem Sessel vor der Musiktruhe. Die hat er sich auf Raten gekauft, und jetzt hockt er immer davor und hört Symphonien. Eigentlich wollte er sich bloß den Sessel kaufen, auf den hat er nämlich gespart. Er hat ihn bar auf die Hand bezahlt, dabei ist es ein ganz moderner mit so langen spitzen Füßen und mit Messing an der Fußspitze. Aber dann konnte er der Versuchung nicht widerstehen und hat sich auch die Musiktruhe gekauft, weil sie so einen einmaligen Klang hat und er hat nun leider mal ein sehr musikalisches Ohr, das hat ihn verführt. Die Musiktruhe steht auf den gleichen spitzen Füßen und auch farblich paßt sie so schön zu seinem neuen Sessel, das war ein Grund mehr zuzugreifen, obwohl er ja ungern Schulden macht. Aber schließlich muß jeder auch irgendwann einmal an sich selber denken, und das ist ja auch ein Gerät, wie man sich es nur einmal im Leben anschafft. Jetzt muß er regelmäßig die Raten abzahlen, und deswegen sitzt er jeden Sonntag davor und hört eine Symphonie, und dabei stört man ihn besser nicht. Aber es war grade eine Pause und der Radiosprecher sagte, es dauert drei Minuten, da hat Jonas geklopft.
Der Gredelitz sagte, er will um die Sache nicht herumreden wie um den heißen Brei, schließlich sind sie fast schon sozusagen erwachsen und haben ein Anrecht darauf, daß man ihnen klaren Wein einschenkt, außerdem will er sein Symphoniekonzert weiterhören. Und dabei ist er immer leiser geworden und hat so leise gesagt, daß

es Jonas kaum verstanden hat, dabei waren sie doch allein in seiner Bude: »Dieser Mensch hat kleine Jungen liebgehabt.« Und er hat laut geschnauft.
Der Gredelitz schnauft immer, weil er zur Korpulenz neigt, das sagt er selber. Besonders wenn er die Treppen raufrennt und es schaut ihm einer zu, dann muß er schnaufen, weil er dann zwei Stufen auf einmal nimmt. Und wenn ihn Jonas auf der Treppe gefragt hätte, und er hätte geschnauft, dann hätte Jonas ihn ruhig weiterfragen können. Aber der Gredelitz hat in seinem neuen Sessel eine Symphonie aus seiner Musiktruhe gehört und hat trotzdem geschnauft, und deswegen hätte sich Jonas nie im Leben weiterfragen getraut. Und er wußte doch immer noch nicht, warum sie sich so anstellen mit Enrico. Da wurde er wütend.
Deswegen hat er das mit dem Zettel gemacht. Am Abend, als der Gredelitz schon zum Andachthalten in den Betsaal gegangen war, hat er ihm den Zettel unter der Tür durchgeschoben. Auf den Zettel hat er draufgeschrieben, warum der Gredelitz nicht rot wird vor Scham, und er gehört auch unter die Heuchler und Lügner, die da falsch Zeugnis reden. Heißt es doch, man soll seinen Bruder lieben in unverfälschter Bruderliebe, aber wer selbst ohne Falsch befunden wird, der werfe den ersten Stein. Und wie er den Zettel durchgeschoben hatte, wollte er ihn wieder zurückholen, aber das ging nicht. Nicht einmal mit dem Lineal, und die Tür war abgesperrt. Da kriegte er Angst, aber der Gredelitz machte gar nichts.
Später hat Gredl gesagt, er war ihm dankbar für diesen Zettel, denn es war für ihn ein moralischer Fingerzeig und es steckt ein aufrichtiger Kern in ihm. Warum sie sich so anstellen mit dem Enrico, hat er dann auch nicht gesagt, aber jetzt war es Jonas wurscht, er hatte schon lange keine Lust mehr, sie zu fragen, und überhaupt hatten sie damals Enrico schon fast vergessen gehabt.

33.

Einmal hat er noch dran gedacht; sie haben Versteck gespielt und er hat sich hinter dem Brandt versteckt, der den Kasten gegründet und dafür eine Büste vor dem Hauptportal gekriegt hat. Das Hauptportal ist meistens abgesperrt, deswegen kann man sich auch gut hinter der Büste verstecken. Und wie sich Jonas hinter dem Brandt duckt und über den Rand des Sockels drüberlinst, da sieht er, daß die Glatze vom Brandt noch ganz schwarz ist. Eigentlich nicht die Glatze, der hat nämlich ein Käppi auf, aber so glatt wie eine Glatze. Da ist ihm Enrico eingefallen und Hold hat ihn entdeckt und angeschlagen.
Und der letzte Schultag vor den Ferien ist ihm eingefallen, als sie nicht in die Schule gehen wollten wegen Enrico, und sind dann doch gegangen. Die Schule war schon um elf aus, und oben beim Herrle auf der Bude haben die Präfekten gefeiert. Da haben sie ihre Adventskränze geholt und sie dem Brandt auf die Glatze gesetzt. Am Schluß mußte sich Gassner auf die Stuhllehne stellen und Hold und Jonas hockten auf dem Stuhl, damit er nicht umfällt, so viele Kränze haben sie ihm auf die Glatze gestapelt. Sie haben eine ganze Flasche Benzin drüber gegossen, die wollten sie ihnen an der Tankstelle erst nicht geben. Zum Glück hat Hold gelogen, daß sein Vater sie fürs Auto braucht, das ist liegengeblieben. Mit brennenden Streichhölzern haben sie nach dem Brandt geworfen, und es ging dauernd daneben. Gassner behauptet, er hat getroffen, aber das ist nicht wahr, es war nämlich ein Streichholz von Jonas. Eine Flamme ist hochgeschossen, fast bis zum Fenster vom Studiersaal rauf. Oben hat der Herrle auf seiner Bude geschrien, aber nicht wegen der Flamme, er war bloß besoffen. Sie haben in die Flammen geschaut, bis der Brandt nur noch verkohlte Ringe auf der Glatze hatte, dann war es fünf vor zwölf, und zwanzig vor eins sind sie mit dem Zug in die Ferien gefahren.

Nach den Ferien waren die verkohlten Gerippe von den Adventskränzen verschwunden. Aber die verbrannten Stellen auf der Glatze haben sie nicht weggekriegt, und vielleicht sind sie sogar noch heute dran.

Jugendbücher Weismann Verlag

Leonid Pantelejew

Ljonka

Die lange Geschichte einer Entscheidung
358 Seiten, DM 16.80

Ljonka ist einer der vielen Jugendlichen, die während der Russischen Revolution hungernd und stehlend durchs Land irrten.

Gisela Karau

Janusz K.

Viele Worte haben einen doppelten Sinn.
205 Seiten, DM 14.80
Mit einem Nachwort von Pit Sander über die Ursachen des deutschen Faschismus.

Ein dokumentarischer Roman über einen polnischen Jungen, der das KZ Buchenwald überlebte.

Arkadi Gaidar

Russische Kindheit

232 Seiten, DM 12.80

»Diese spannende realistische Geschichte handelt von dem 13jährigen Boris, der mühsam und schmerzhaft lernt, was Solidarität ist.«